A SENDA GRADUADA PARA A LIBERTAÇÃO

Geshe Rabten

A SENDA GRADUADA PARA A LIBERTAÇÃO

Baseado nos ensinamentos orais, com tradução do tibetano para o inglês do Ven. Gonsar Tulku

Tradução
Izar Tauceda

Revisão Técnica e Introdução
Alberto Brum

EDITORA TEOSÓFICA

Título do original em Inglês
The Graduated Path to Liberation

Edição em Inglês, 1980
Publications for Wisdom Culture
c/o Tushita Mahayana Meditation Centre
5/5 Shantiniketan – New Delhi 110021 – Índia

Edição em Português
1993. Editora Teosófica S/C

EDITORA TEOSÓFICA, Sociedade Civil
SGAS – Quadra 603 – Módulo 20
70 200-630 – Brasília-DF, Brasil
Tel.: (061) 322-7843
Fax: (061) 226-3703

Capa: Nadja Lemos Nogueira
Composição/Diagramação: João Batista Martins da Silva
Equipe de Revisão: Regina Vitória Ruzzante Vieira, Zeneida Cereja da Silva e Jane Dullius

Foto da Capa (Reprodução): Geshe Rabten em 1985, na Suíça

SUMÁRIO

PREFÁCIO À EDIÇÃO BRASILEIRA

Sem dúvida este texto é uma excelente apresentação – lúcida e sintética – dos principais pontos dos estágios graduados da mente no caminho para a libertação. Este tema, derivado dos *sūtras* sobre a "Perfeição da Sabedoria" (*Prajñā-Pāramitā*) e do *Abhisamaya-lamkara*, um dos tratados de Maitreya, apresenta tópicos essenciais para os estudantes da Religião-Sabedoria.

Na primeira parte, encontramos uma reflexão sobre os diferentes tipos de sofrimento, a causa raiz do sofrimento, o *karma* e os *kleshas* (as aflições da mente). A segunda parte trata da motivação altruísta (*bodhicitta*), os cinco estágios da Senda e as seis *pāramitās* (virtudes) – o coração da Senda dos *Bodhisattvas*.

Geshe Rabten possuía uma reconhecida habilidade na apresentação do *Dharma*, sendo escolhido como assistente, para assuntos filosóficos, do 14º Dalai Lama. Ministrou ensinamentos em Dharamsala (Índia) e posteriormente viveu na Suiça, onde dirigiu o mosteiro e o Centro de Estudos Superiores por ele fundado, que hoje tem o seu nome – "Rabten Choeling".

De Gonsar Tulku Rinpoche, o atual diretor espiritual deste centro, um discípulo avançado de

Geshe Rabten e o tutor do menino Tulku, que hoje está sendo educado onde anteriormente ensinou, recebemos as seguintes palavras, quando gentilmente autorizou-nos esta publicação:

> "Agradeço muito por esta bela tradução em língua portuguesa. Eu estou certo que ela beneficiará inumeráveis pessoas, indicando-lhes o reto caminho do *Dharma*".

Wesak, 1993.

INTRODUÇÃO

Geshe Rabten e a Linhagem *Lam-rim*

Este texto agora publicado, *A Senda Graduada para a Libertação,* é uma tradução da edição em inglês de instruções orais em tibetano durante um curso na Índia, em Dharamsala, no ano de 1969. Geshe Rabten foi um dos primeiros lamas tibetanos gelugpa a dar ensinamentos para ocidentais, pois só em 1971 o Dalai Lama criou a *Library of Tibetan Works and Archives,* sob a direção de Geshe Ngawang Dhargyey – com o objetivo de ser um centro aberto aos sérios e sinceros estudantes do Budismo Tibetano no Ocidente.

O tema deste livro é uma clara e estimulante introdução aos tradicionais *Lam-rim* tibetanos. Estes tratados clássicos são um exame dos estágios da Senda, ou dos estágios graduados dos caminhos da mente em direção à Iluminação. Em outro de seus livros intitulado *The Essential Nectar – Meditations on the Buddhist Path,* Geshe Rabten diz que o *Lam-rim* é a apresentação da Senda (*lam*) em uma ordem seqüencial (*rim*) e que a Senda são todos os estados mentais e boas qualidades que nos retiram de nossa presente condição conduzindo-nos à Iluminação. Nesta concepção, a "Senda" é uma transformação dos "estados mentais".

Esta Senda que conduz à Iluminação, ensinada pelo próprio Buddha, foi também examinada no texto *Abhisamayalamkara* de Maitreya (século V d.C.). A origem dos textos sobre os estágios graduados da Senda (*Lam-rim*) ocorre com Atisha, o instrutor da Índia, que foi para o Tibete em 1042 d.C., sendo responsável pela tradução e difusão de inúmeros tratados, ocasionando um renascimento do Budismo no Tibete. O ponto de partida foi o *Bodhipathapradipa* (*Lamp on the Path to Enlightenment*) que é uma fusão entre a linhagem de Manjushri-Nagarjuna, com ênfase na compreensão do Vazio (*Shūnya*), e a linhagem de Maitreya-Asanga, com ênfase na compaixão (*bodhicitta*). Assim, o *Lam-rim* uniu a filosofia de Nagarjuna (*sabedoria*) com o *yoga* budista de Asanga (*método*).

Tendo o texto de Atisha como protótipo, surgiram o de Gampopa (Kadampa-Kagyu), o de Sachen Kundga (Sakya) e os três *Lam-rim* de Tsong-Khapa (Gelugpa), sendo o *Lam-rim Chen-Mo* o grande texto. Posteriormente surgiram outros *Lam-rim*, entre os quais os do III e do V Dalai Lamas. O texto do III Dalai Lama foi publicado com o título de *Essence of Refined Gold*, editado por Glenn Mullin (Snow Lion). Na linhagem gelugpa há também os textos do I Panchen Lama, o tutor do V Dalai Lama, e o do II Panchen Lama.

Mais recentemente, já no século XX, foram ministradas as instruções do grande lama Pabongka Rinpoche (1878-1941), o principal guru de Ling Rinpoche (o tutor sênior do XIV Dalai Lama) e de Trijang Rinpoche (o tutor júnior). Estes ensinamentos foram publicados em inglês pela editora Wisdom (1991), de Boston (USA), com o título *Liberation in the Palm of Your Hand*. Também está sendo publicado por Geshe Lobsang Tharchin (Howel, New Jersey), que foi um dos alunos das preleções de Pabongka Rinpoche.

A linhagem *Lam-rim* foi transmitida por Pabongka Rinpoche para seu discípulo Trijang Rinpoche que foi um dos tutores do atual Dalai Lama e o lama-raiz (principal) de grandes mestres da tradição gelugpa tibetana. Ele era o instrutor da linhagem oral. E foi a partir de suas instruções e da própria vivência que um dos seus principais discípulos, Geshe Ngawang Dhargyey, transmitiu o *Lam-rim Man-Ngag*, editado em inglês por Alex Berzin (Harvard University).

A esta escola e a esta linhagem oral estava ligado Geshe Rabten, pois seu principal guru também foi Trijang Dorjechang Rinpoche. Esta foi sua formação filosófica e este foi seu treinamento, sendo *A Senda Graduada para a Libertação* uma boa e acessível introdução a esta série de tratados sobre a Senda dos *Bodhisattvas*.

Geshe Rabten nasceu em 1921 no Tibete oriental, na província de Kham. Ingressou aos dezoito anos no grande mosteiro de Sera, onde iniciou seus estudos contínuos, com grande dedicação, por 24 anos sucessivos. Recebeu sua ordenação monástica como *bhiksu*, do mesmo modo que Geshe Dhargyey, de Phurchog Jampa Rinpoche, um lama considerado no Tibete como sendo uma emanação do *Bodhisattva* Maitreya.

Seus estudos consistiam em uma exaustiva investigação nas diversas abordagens da filosofia budista. Em Sera, enquanto assistia às classes com seus instrutores e memorizava grande quantidade de textos e seus comentários, dedicou a maior parte de seu tempo a debates – o método tibetano de aprendizagem. Dominou completamente o currículo tradicional do treinamento para o nível de Geshe (instrutor de filosofia), que consiste nos seguintes conteúdos: tratados de lógica (*Pramana*), os *sūtras Prajñāpāramitās*, a filosofia *Madhyamika* de Nagarjuna, a fenomenologia *Abhidharma* e as regras monásticas (*Vinaya*).

Depois fez a revisão de Ética e *Abhidharma* e alcançou o nível de Lharampa, o estágio mais avançado no treinamento gelugpa em Filosofia. A partir deste estágio segue os estudos no Colégio Tântrico (*yoga* avançada). Isto ocorreu em 1963 quando já se encontrava na Índia, pois, em 1959, com a invasão chinesa final, refugiou-se na Índia, onde continuou o seu treinamento. Vivia no campo de Buxa (Buxadua), estado de Bengala, próximo à fronteira com o Butão.

Por ser o único Geshe Lharampa nesse local, precisou organizar classes de filosofia para os tibetanos a fim de que os estudos não fossem interrompidos no exílio. Nesse período chegou a ter 140 discípulos. Em 1964 foi chamado pelo XIV Dalai Lama à Dharamsala, sede do governo tibetano no exílio, no noroeste da Índia, para passar por um exame final ante o Dalai Lama e os dois tutores, Ling e Trijang Rinpoche. Ao final foi nomeado assistente filosófico do Dalai Lama, atividade que envolve debates sobre os tratados filosóficos.

Sua tarefa era estudar, meditar e dialogar com o líder dos tibetanos, e, simultaneamente, receber ensinamentos dos dois tutores. Também convivia com Serkong Rinpoche que era outro assistente, na área do Tantra. Em Dharamsala atuou no mosteiro Namgyal, vinculado ao Dalai Lama e com os estágios avançados do Colégio Tântrico. Foi nesta época que recebeu os ensinamentos orais sobre a linhagem *Lam-rim*.

Por solicitação de Tenzin Gyatso, o 14º Dalai Lama, Geshe Rabten encontrou-se pela primeira vez com ocidentais interessados no Budismo Tibetano, em 1969, quando apresentou seus comentários às *Quatro Nobres Verdades* e ao sistema *Lam-rim* de um modo claro e introdutório para as mentes ocidentais. Gonsar Tulku Rinpoche, que tinha sido conduzido a Geshe Rabten por Trijang Rinpoche, auxiliou-o neste trabalho como tradutor, tornando-se um dos seus principais discípulos.

Neste período atuou em cursos promovidos pela *Library of Tibetan Works*, fundada em 1971 para preservar a cultura tibetana. Até 1974 viveu em retiro de meditação nas montanhas da Índia, quando foi convidado para ir à Suíça e depois a Paris ministrar um curso de meditação. Em 1975, por solicitação de seus estudantes ocidentais, o Dalai Lama enviou Geshe Rabten outra vez para a Europa, sendo indicado como abade para o Instituto Monástico Tibetano, em Rikon, próximo a Zurique, onde iniciou o treinamento de vários estudantes ocidentais. Estabeleceu um curso de filosofia budista, para monges e laicos, segundo a tradição de ensino nas Universidades Monásticas Tibetanas, e ministrou cursos na França, Inglaterra, Alemanha, Itália, Áustria e Grécia.

Após este giro pela Europa, criou em 1977 o Instituto Monástico Tharpa Choeling, também conhecido como Centro de Estudos Tibetanos Superiores, na Suíça, seguindo o modelo de Sera (no Tibete), sendo seu abade e o diretor de instrução. O Instituto é simultaneamente um monastério e um centro de instrução filosófica, tendo condições apropriadas à reflexão, à meditação e ao estudo. Por sua solicitação ao Dalai Lama, em 1978, Geshe Sangpo, ex-abade do Colégio Monástico de Gande Djangtse, veio para este Centro. Ainda em 1978, Rabten foi ao Canadá e aos Estados Unidos dar cursos.

Durante esses anos foi o tutor e o instrutor de um grande número de ocidentais e de inúmeros tibetanos, entre os quais leigos, monges, Geshes e Rinpoches. Entre os lamas que foram seus discípulos estão Geshe Thubten Ngawang, Geshe Thubten Trinley, Khamlung Rinpoche, Sherpa Rinpoche, Zopa Rinpoche e Lama Yeshe. Geshe Rabten foi um dos tutores do Lama Yeshe ainda no Tibete. Desde 1975 foi o "representante espiritual" do Dalai Lama no Ocidente. Além de Tharpa Choeling, na Suíça, fundou centros para estudos tibetanos na Áustria, Alemanha (Hamburgo, Munique) e Itália (Milão, Turim).

Com a morte de Geshe Rabten em 1986, o diretor do Centro Tharpa – agora Centro Rabten – passou a ser Gonsar Tulku Rinpoche, seu discípulo e um consumado mestre de meditação da Universidade Monástica de Sera, restabelecida no sul da Índia, em Mysore.

A partir dos cursos e dos ensinamentos de Geshe Rabten, e com o auxílio direto de Gonsar Rinpoche, o jovem discípulo enviado por Trijang Rinpoche para trabalhar com Geshe Rabten, surgiram vários textos de alta qualidade reflexiva e com a capacidade de tornar acessível temas complexos. Entre os que estão disponíveis em traduções ocidentais destacamos:

- *The Graduated Path to Liberation* (A Senda Graduada para a Libertação). Tradução do tibetano para o inglês de Gonsar Rinpoche, publicado em 1972 (Cambridge, Inglaterra) e em 1980 (Delhi, Índia).

- *The Preliminary Practices* (As Práticas Preliminares). Tradução para o inglês de Gonsar Rinpoche, publicado pela *Library of Tibetan Works and Archives* (Dharamsala, Índia), em 1974.

- *The Mind and its Functions* (A Mente e suas Funções). Tradução e edição de Stephen Batchelor, publicado por Tharpa Choeling, em 1978.
  Parte 1 – Um Modelo Epistemológico da Mente – baseado na literatura *Pramana* (lógica), no *Sete Tratados da Mente Ideal* (especialmente no *Comentário à Mente Ideal*) de Dharmakirti, e nos comentários orais recebidos de Purchog Jampa Rinpoche e Akya Yongdzin.
  Parte 2 – Um Modelo Psicológico da Mente – a mente na literatura *Abhidharma* (*Tesouro do Abidharma* de Vasubandhu e *Compêndio de Abhidharma* de Asanga) e nos comentários de Losang Gyatso.

- *Basic Foundations of Practice* (Fundamentos Básicos da Prática). Editado por K. Mckenzie, Tharpa Choeling, 1978.

– *Mahamudra*. Tradução e edição de Gonsar Rinpoche, Brian Beresford e Stephen Batchelor, publicado em Zurique em 1979.

Tema: a tradição tibetana chamada o *grande selo* (*mahamudra*), com destaque nas Escolas Kagyu e Gelugpa. É uma prática do Tantra que visa a realização do Vazio (*Shūnya*).

– *La Voie Progressive* (A Via Progressiva). Tradução em francês de M.T. Paulauski e publicado pela Librarie D'Amerique et D'Orient, Paris, 1979.

Tema: comentário a um texto do I Panchen Lama (Lobsang Chokyi Gyaltsen, 1567-1662) sobre os estágios na Senda para a Iluminação.

– *Enseignement Oral du Bouddhisme au Tibete* (Ensinamento Oral do Budismo Tibetano). Tradução para o francês de M.T. Paulauski e publicado pela Librarie D'Amerique et D'Orient, Paris, 1979.

Temas: o sofrimento (*duhkha*), o *karma, kleshas, bodhicitta, pāramitās* (as seis perfeições), *Dharma*, a via dos *Bodhisattvas*.

– *The Life and Teachings of Geshe Rabten* (A Vida e os Ensinamentos de Geshe Rabten). Tradução de Allen Wallace, publicado por Allen and Unwin, Londres, 1980.

– *Practical Meditation* (A Prática da Meditação). Editado por Brian Grabia, Tharpa Choeling, 1981.

– *Advice from a Spiritual Friend* (Conselho de um Amigo Espiritual). Texto de Geshe Rabten e

Geshe Dhargyey, tradução de Gonsar Rinpoche, publicado pela Wisdom, Londres, 1983.

Parte 1 – *Thought Transformation in Eight Stanzas* (da tradição Kadampa).

Parte 2 – Comentário de Geshe Rabten ao texto *The Seven Point Thought Transformation* (de Geshe Chekava, da tradição Kadampa).

Parte 3 – Comentário de Geshe Dhargyey ao texto *The Jewel Rosary of an Awakening Warrior* (Atisha, da tradição Kadampa).

Parte 4 – Texto de Ashvaghosha.

– *Echoes of Voidness* (Ecos do Vazio). Tradução e edição de Stephen Batchelor, publicado pela Wisdom, Londres, 1983.

Parte 1 – Comentário ao *sūtra O Coração da Sabedoria* (*Sūtra do Coração*).

Parte 2 – Comentário ao 6º capítulo do texto *Madhyamakavatara* de Chandrakirti.

Parte 3 – Comentário ao texto raiz da tradição oral Gelugpa da tradição Mahamudra (Grande Selo), escrito pelo I Panchen Lama (Lobsang Gyaltsen) – *The Main Path all Buddhas Have Travelled.*

– *The Essential Nectar* (O Néctar Essencial). Editado por Martin Wilson, publicado pela Wisdom, Londres, 1984.

Tema: explanações sobre a Senda budista (*Lam-rim*), a partir do texto de Yeshe Tsondru chamado *O Néctar Essencial da Sagrada Doutrina*. É um excelente estudo preparatório aos *Lam-rim*.

– *Wunzel der Weisheit* (A Raiz da Sabedoria). Traduzido por Helmut Gassner, publicado por Edições Rabten, Áustria, 1985.

– *Treasury of Dharma* (O Tesouro do *Dharma*). Tradução de Gonsar Rinpoche, publicado por Tharpa, Londres, 1988.

Temas: o sofrimento, os fatores mentais, os 12 *nidanas*, a natureza da mente, a Senda Mahayana, *bodhicitta*, as *pāramitās*.

– *Song of the Profound View* (Canção da Visão Profunda). Traduzido por Stephen Batchelor, prefácio de Gonsar Rinpoche, publicado pela Wisdom, Londres, 1989.

Tema: tradução do poema sobre o Vazio (*Shūnya*) *Canção da Visão Profunda*, com a experiência meditativa de Geshe Rabten, seguida do comentário *Algumas Reflexões sobre o Significado da Visão Profunda*.

Com a edição deste texto, que é uma introdução ao estudo dos *Lam-rim* (estágios graduados da Senda), apresentamos os ensinamentos deste qualificado lama tibetano, ao público brasileiro.

A tradição *Lam-rim* oferece uma síntese dos *Sūtras* e é a base para o Tantra.

Alberto Brum

Centro *Lam-rim* (Brasília-DF)

PARTE I

O SOFRIMENTO E SUA CAUSA

AS QUATRO NOBRES VERDADES

A religião é um meio para sair do sofrimento e atingir a felicidade.

Há quatro Nobres Verdades[1]. As duas primeiras que temos de reconhecer e remover são: a verdade do sofrimento e a verdade da causa do sofrimento. As duas seguintes que temos de compreender e praticar são: a verdade da cessação do sofrimento e a verdadeira Senda para a cessação do sofrimento.

Quando estamos doentes, nós sofremos. A raiz da doença (ferimento, infecção etc.) é a causa do sofrimento. Quando nos recuperamos da doença, ficamos felizes pela cessação do sofrimento. Os medicamentos ou o tratamento são a Senda para a cessação deste sofrimento.

O texto seguinte é uma explicação extensa destas quatro nobres verdades, e de como nós podemos seguir a Senda que nos levará a eliminar o sofrimento e atingir a felicidade, não apenas para nós mas para todos os seres.

OS TRÊS TIPOS DE SOFRIMENTO

1 – O **sofrimento** causado pelo sofrimento (*duhkha-duhkhata*)[2]

Este tipo de sofrimento inclui a dor, a tristeza e os sofrimentos diários conhecidos por todos os seres. Mesmo o menor inseto pode identificá-lo. Nenhuma criatura deseja este sofrimento. É por quererem escapar deste tipo de sofrimento que todas as criaturas são tão ocupadas e ativas. As formigas, por exemplo, estão ocupadas dia e noite para escapar do sofrimento da fome. Os países lutam entre si por medo do sofrimento de serem dominados por outros países; contudo, podemos observar que este método de prevenção cria mais sofrimento.

2 – O **sofrimento** causado pela mudança. (*viparinama-duhkhata*)[3]

Este tipo de sofrimento começa como alegria e, então, transforma-se em sofrimento. Muitos seres não reconhecem isto como sofrimento. A *felicidade* mundana é vista como felicidade, mas com o tempo ela também se transforma em sofrimento. Se estamos com calor e mergulhamos em água fria, isto, a princípio, é muito agradável, mas depois de um tempo começamos a sentir o frio dolorosamente. Se estamos com frio e ficamos ao Sol para nos aquecer, após algum tempo sofreremos queimaduras. Quando amigos se encontram depois de muito tempo, ficam muito contentes, mas, se permanecem sempre juntos, podem discutir e ficar cansados um do outro.

Este tipo de sofrimento inclui qualquer coisa que pareça ser felicidade e se transforme em sofrimento. Se uma pessoa deseja tornar-se rica e trabalha muito para enriquecer, o sofrimento é produzido pela necessidade de manter a riqueza, o medo de perdê-la e o desejo por mais riquezas. Se um país deseja dominar outro, o país oprimido reage e origina-se o sofrimento mútuo.

O primeiro destes dois tipos de sofrimento é facilmente removível. O segundo não, pois não é reconhecido facilmente. Desta maneira ele é mais profundamente prejudicial. Até mesmo pequenos insetos podem parar o sofrimento causado pelo sofrimento, da mesma maneira que os seres humanos, quando estão doentes, por exemplo, podem se tratar. Mas muitas pessoas e animais pensam que o sofrimento causado pelas mudanças é a felicidade verdadeira e gastam suas vidas inteiras tentando obtê-la, como os negociantes que dedicam suas vidas a enriquecer e aqueles que lutam em guerras para obter a *felicidade*.

3 – O **sofrimento** causado pelas formações mentais (*samskāra-duhkhata*)[4]

Este tipo é ainda mais difícil de reconhecer do que o sofrimento causado por mudanças. É o sofrimento inerente ao *samsara* (o ciclo completo da existência) e é ele mesmo a causa dos dois tipos anteriores de sofrimento. Ele abarca todos os seres em *samsara*. Assim como a Terra é a base de nossa vida, assim este tipo de sofrimento é a base dos outros dois. Se nos cortamos, automaticamente sentimos dor, simplesmente porque temos corpos. Nossa própria existência é a causa-raiz deste sofrimento.

Porque todos os seres têm sua existência num estado de causalidade, todos estão sujeitos ao sofrimento. Este tipo de sofrimento (*duhkha*) é produzido por uma causa nociva, e todos os outros sofrimentos provêm dele. Todos os seres reconhecem o primeiro tipo de sofrimento; muitos reconhecem o segundo. Mas este terceiro tipo de sofrimento é muito difícil de reconhecer. Sem reconhecê-lo, escapar do *samsara* é impossível. Este sofrimento é como um ferimento que não produz dor até que seja tocado. É o solo que contém todos os sofrimentos. Quando removemos este sofrimento atingimos o Nirvana ou a Libertação.

Para praticar o *Dharma*, a compreensão do sofrimento é o primeiro elemento essencial. Sem esta compreensão, o desejo de escapar do sofrimento não surge. É como se estivéssemos presos e não quiséssemos fugir porque não compreendêssemos o mal que era isso. Se estamos doentes e não o reconhecemos, não temos o desejo de ser curados.

Se o primeiro tipo de sofrimento não é reconhecido, não temos o desejo de escapar do sofrimento. Se o segundo não é reconhecido, trataremos de escapar dele da maneira errada, somente para voltar outra vez ao sofrimento. Se o terceiro tipo não for reconhecido, então, mesmo que o método seja bom, não atingiremos a raiz de todo sofrimento.

Portanto, é muito importante reconhecer todos os três tipos de sofrimento. Este reconhecimento é o primeiro passo para praticar o *Dharma* e também a razão para praticá-lo. Esta é a razão pela qual Buddha ensinou que o sofrimento é a primeira nobre verdade. Podemos observar o sofrimento olhando diretamente ao nosso redor. O sofrimento causado pelo sofrimento é evidente em todos. O sofrimento causado por mudanças, felicidade irreal, é também bastante evidente. Podemos também ver que todos os outros sofrimentos derivam do sofrimento abrangente produzido por formações mentais. Ainda que seja difícil saber o que causa estes sofrimentos, devemos experimentá-los e vê-los pelo que eles são; através de nossa experiência, nossa crença será mais forte e firme. Foi por isto que Buddha disse que era importante julgar e testar seus ensinamentos por nós mesmos, e ele deu o exemplo da prova do ouro. Quando vemos que a realidade é como Buddha a descreveu, então nossa fé nele torna-se mais forte e não será destruída pelo que os outros possam dizer.

Todo sofrimento tem um começo e um fim. As coisas passam por um processo de mudança o tempo todo. Há duas espécies de mudança: a grosseira, a mudança óbvia – como quando uma mesa está sendo feita e as transformações são evidentes – e as mudanças sutis, como as mudanças moleculares acontecendo continuamente no interior da mesa.

As mudanças na vida humana são óbvias – as pessoas começam pequenas, ficam adultas e envelhecem. Mas não é tão óbvia quanto o tempo que leva para estalar os dedos e tudo tenha mudado. Se você derrama água de um vaso, o jorro d'água parece ser uma unidade, mas, de fato, a cada momento, o jorro movimenta-se e torna-se outra coisa.

Não somente seres sencientes mas também todo o meio ambiente – árvores e tudo o mais – estão sofrendo alterações. Todos os seres em *samsara* estão sofrendo durante todo o tempo. Se não reconhecermos a totalidade do sofrimento, não praticaremos o que é necessário para nos livrarmos dele.

A CAUSA DO SOFRIMENTO

Todo sofrimento tem uma causa. Se a causa não for removida, é impossível escapar do sofrimento. Se a chuva cai por um buraco do telhado, não há sentido em varrer a água para fora da casa sem também tapar o buraco. Se estamos doentes e tomamos a medicação apenas para os sintomas, poderemos remover a doença por um tempo, mas não estaremos seguros de que ela não voltará. Se, entretanto, tratamos a causa do sofrimento, podemos evitar para sempre sua repetição.

Ainda que nada possamos fazer a respeito do sofrimento do passado, devemos fechar a porta para o sofrimento do futuro. Se um espinheiro em frente de nossa casa nos arranha cada vez que passamos, não será uma solução eficiente eliminar os galhos irregulares; devemos arrancar de vez a árvore. Devemos encontrar a causa real e não uma ilusória. Se cometemos um erro a respeito da causa do sofrimento, um progresso real é impossível. Portanto, devemos conhecer a segunda nobre verdade, a causa do sofrimento.

A causa do sofrimento tem duas divisões: *karma* (ação)[(5)] e *klesha* (impurezas mentais).

Neste momento experimentamos muitos sofrimentos cuja causa nós mesmos criamos em existências passadas. Conseqüentemente, nós mesmos temos que trabalhar para libertarmo-nos dele. Um ensinamento sobre a causa e a fuga do sofrimento é ineficiente se não o praticamos. Se estamos doentes e vamos ao médico, e este nos receita um tratamento, devemos seguir suas prescrições para nos curarmos. Na escola, o estudante precisa da instrução do professor, mas o mais importante é o seu próprio trabalho. Até agora nunca trilhamos a Senda, portanto ainda estamos em *samsara*. Aqueles seres que a praticaram, como fez Milarepa, abandonaram o *samsara*. Esta passagem não foi fácil. As nádegas de Milarepa ficaram cobertas de feridas por sentar-se tanto tempo em meditação. Quando Lorepa (que seguiu Milarepa) meditava nas montanhas, e ninguém lhe trouxe comida, manteve-se vivo comendo pouco a pouco seus sapatos. Tsong-Khapa meditava nas altas montanhas sempre oferecendo mandalas[(6)] em uma laje de pedra. A pele de seu braço direito estava esfolada de tanto polir a pedra. Escapar do *samsara* só depende de nós: se dependesse somente de Buddha não haveria ninguém em *samsara*, porque este foi seu grande desejo. Como uma boa mãe que ama seus filhos, ele tem amor igual por todos os seres. Buddha ensinou em um *sūtra*:

> "Buddha não pode purificar o engano dos seres com a água sagrada;
> Nem afastar o sofrimento dos seres com sua mão".

Ele não pode dar sabedoria aos seres se eles não a praticam. A responsabilidade de Buddha é mostrar a Senda verdadeira. Num outro *sūtra* ele diz:

"Eu sou meu próprio senhor, e eu próprio sou meu inimigo".

"Senhor" porque se praticamos o *Dharma* podemos cuidar de nós mesmos e trazer muita felicidade para nós. "Inimigo" porque se não o praticamos adequadamente, construímos mais e mais sofrimento para nós.

De seu lado Buddha ensina o caminho; de nosso lado nós o praticamos. Esta combinação traz felicidade.

Karma

Há muitos tipos de *karma*. Em consideração à brevidade, todos são incluídos dentro das categorias de: *karma* do corpo, *karma* da palavra e *karma* da mente

Cada uma destas categorias inclui ações desta faculdade particular.

Geralmente o *karma* é dividido em hábil e inábil, mas aqui estamos interessados apenas com o *karma* inábil – isto é, o *karma* que produz sofrimento. O que nos dá felicidade verdadeira e nos coloca no caminho deste objetivo é bastante diferente.

1 – *Karma* Inábil do Corpo

a) Matar

É a ação do corpo que destrói a vida de qualquer ser. É o pior procedimento dos tempos atuais. Ninguém quer sofrer, mas na luta para evitar o sofrimento, as pessoas criam-no. Esta ação tem o efeito oposto ao que se propõe. A ação não precisa ser executada com ataque físico com faca, arma etc.; a pessoa que dá as ordens (o presidente ou o general) também adquire os frutos do *karma*. Quando uma pessoa ordena o lançamento de uma bomba, e milhões de pessoas morrem, embora suas mortes tenham raízes em seu próprio *karma* passado, a pessoa que deu a ordem é sua causa imediata. Esta pessoa adquire piores frutos do *karma* do que aquela que realmente lançou a bomba. Se uma centena de pessoas são mortas por uma centena de soldados, cada soldado deve receber os frutos do *karma* de uma morte, mas a pessoa que deu a ordem recebe os frutos de uma centena de mortes. Tais pessoas podem pensar que são muito poderosas, mas elas não imaginam o sofrimento que elas estão trazendo para si mesmas.

Quando o mundo está em paz, profundos e imediatos benefícios aparecem. Mas, para sermos realmente pacíficos, devemos decidir por nós mesmos sermos pacíficos praticando o *Dharma*. Mesmo se uma pessoa não matar realmente ninguém ou ordenar que alguém seja morto, se aprovar a morte como uma boa solução, ela também adquire os frutos do *karma*.

b) Roubar

É tirar qualquer coisa que pertença a alguém e que não lhe tenha sido dado. Isto pode ser feito secretamente, por ação violenta, por palavras astutas, por burla e assim por diante. Isto inclui reclamar algo que realmente não nos pertence, como quando países apoderam-se de outros países. Se o roubo for feito indiretamente através de alguém, ele tem os mesmos frutos do *karma*. Seus objetos podem ser qualquer propriedade, qualquer povo ou outra coisa qualquer tomada por qualquer meio. Se inadvertidamente pegamos qualquer coisa que pertence a outra pessoa, isto não é roubo. O roubo requer não somente a ação mas também a intenção de tirar algo que não é seu por direito. A mente deve estar alerta para isto.

c) Má conduta sexual

Esta ação ocorre quando uma pessoa leiga, que já é casada, procura outro parceiro sexual, ou tem relações, mesmo com o parceiro certo em épocas impróprias, como durante os dias de lua cheia ou de lua nova, ou durante o dia, ou em lugares inadequados (tais como lugares sagrados), ou com órgãos impróprios.

Esta ação inclui ter relações com monges ou monjas. Enquanto que matar ou roubar, mesmo quando executados indiretamente, produzem os mesmos resultados *kármicos*, este não é o caso da má conduta sexual. Os outros dois tipos de ações prejudicam outras pessoas; a má conduta sexual diz respeito somente às pessoas envolvidas. Para *bhiksus* e *bhiksunis* (monges e monjas budistas) qualquer tipo de indulgência sexual é proibida.

Bater em outras pessoas, tentando roubá-las sem êxito, colocar pessoas na prisão por motivos errôneos, ter comportamento impróprio nos dias sagrados, e quaisquer outras ações corporais que sejam prejudiciais ou provoquem *klesha* são também *karma* inábil do corpo.

2 – *Karma* Inábil da Palavra

a) Mentira

A mentira inclui qualquer palavra que intencionalmente engane as pessoas, quer em nosso benefício quer em benefício de outros.

b) Calúnia

Palavras que criam inimizade entre amigos por qualquer motivo, como por exemplo, o ciúme de seu relacionamento, é calúnia. A linguagem pode ser também verdadeira ou falsa, mas para que ela seja caluniosa é necessário que o desejo de trazer discórdia esteja na mente de quem fala. A calúnia pode ocorrer entre países bem como entre indivíduos. Se a pessoa diz alguma falsidade para terminar com uma amizade, isto, além de mentira também é calúnia.

c) Palavras ásperas

Isto inclui quem usa palavras coléricas contra outros, ou jura em nome de uma pessoa sagrada etc. com fins maldosos para reforçar uma mentira; ou usar palavras para tornar as pessoas tristes ou raivosas. Em tibetano isto é chamado *zig tsup*, que significa "palavras grosseiras". Assim como uma pedra áspera esfregada contra a pele gera dor, do mesmo modo as palavras grosseiras também geram dor.

d) Conversa irresponsável

Qualquer tipo de conversa que provoque ilusão – como conversas cheias de violência, pornografia e assim por diante – são consideradas irresponsáveis.

3 – *Karma* Inábil da Mente

a) Cobiça

Este termo não se refere ao desejo benéfico por coisas como conhecimento ou sabedoria, mas ao desejo insaciável por possessões ilusórias. Um exemplo disto é o de uma pessoa pobre que vê carros grandes e brilhantes bem como propriedades caríssimas e, por cobiça, está sempre lutando por eles; ou uma pessoa rica que está cercada de riquezas e ainda assim quer mais. A cobiça nasce do desejo. Outras ações inábeis do corpo e da fala, como o roubo, a fraude e assim por diante, resultam da ação mental da cobiça. Ela pode ter como seu objetivo qualquer coisa que seja má ou indiferente.

b) Desejo de ferir os outros

Este desejo inclui sentir prazer com a infelicidade dos outros. Encontra-se em todas as espécies de vida, nas nações e nos pequenos insetos. À primeira vista esta ação da mente pode parecer ser mais prejudicial do que a calúnia, mas a calúnia é realmente mais prejudicial porque ela não se aplica a simples situações: a calúnia é persistente e não traz satisfação.

c) Idéias errôneas

Qualquer tipo de pensamento que negue a verdade ou a eficácia de *Buddha,* do *Dharma,* da *Sangha,* do renascimento, da lei do *karma,* do nirvana etc., constitui idéia errônea. Estes tipos de ações do *karma* não são cometidos por pessoas que desconhecem o ensinamento budista, mas por pessoas que intencionalmente persistem em manter esta rejeição.

O *karma* inábil da mente é o pior tipo de *karma* porque as ações do corpo e da fala surgem da mente. Por exemplo, se matamos um animal, em primeiro lugar o desejo de matar deve surgir em nossa mente, depois, devemos executar a ação com nosso corpo, ou ordenar a alguém que o faça (fala). Todas as ações do corpo e da fala devem ser precedidas pelo desejo da mente. A mente força o corpo e a fala a seguirem-na. Se pudermos controlar a mente, os outros tipos de más ações podem ser evitados. É muito difícil controlar a mente porque suas ações são muito rápidas – muitas ações inábeis da mente passam-se em um minuto. Por exemplo, se desejamos prejudicar alguém, podemos pensar em muitas maneiras diferentes para fazer isto num breve momento. As ações inábeis da mente acontecem tão rapidamente que não podem ser contadas; as ações inábeis da fala são mais lentas, e as ações inábeis do corpo são ainda mais lentas. O essencial é praticarmos o controle da mente. Se não controlarmos nossas mentes, e apenas seguirmos seus desejos e instintos, não poderemos ter uma boa vida.

Todos os sofrimentos de todos os seres em *samsara* são produzidos pela mente. Os seres fora do *samsara*, em bem-aventurança permanente, estão nesse estado como o resultado do desenvolvimento da mente. O corpo e a fala são apenas servos da mente.

REALIZAÇÃO DO *KARMA*

São muitos os diferentes resultados possíveis a partir de uma ação.

Se nesta vida matamos alguém, então nosso renascimento imediato será provavelmente num inferno quente*. A vida nos infernos é muito mais longa do que na Terra, e há aí sofrimento constante pelo calor ou pelo frio. Os seres infernais e os seres humanos são tipos de criaturas completamente diferentes, e o tipo particular de propriedades de uma existência são limitados àquela existência. Mesmo neste mundo há muitas espécies de espíritos que não são normalmente visíveis aos humanos (embora algumas vezes possamos estar conscientes deles), e eles também têm suas propriedades especiais.

Entre uma e outra vida, nós experienciamos o *bardo*(7). Há muitos *bardos* que não podemos ver ocorrendo no mundo, mas num elevado nível de desenvolvimento e através de práticas especiais e meditações, estes podem tornar-se evidentes. Para fortalecer todas as nossas qualidades e não apenas uma faculdade isolada, devemos praticar o *Dharma* ao mesmo tempo que desenvolvemos as técnicas que despertam poderes especiais.

---

* Renascimento no quente é uma alusão a um estado mental inferior (inferno) após a morte – no mundo dos *pretas*. *O Bardo-Thodol (Livro Tibetano dos Mortos)* refere-se a seis esferas do *samsara: narak* (seres infernais), *pretas* (espíritos errantes), animal, devas, *asura* (titãs) e humanos. (N.E.)

Alguns seres têm o *karma* de renascer num estado de sofrimento tão contínuo que nós, como humanos, não estaríamos aptos a sobreviver. Em alguns infernos, por exemplo, não há diferença entre o próprio fogo e os seres vivendo no meio dele. Os seres que mataram em suas vidas passadas, mesmo que tenham renascido como humanos, vivem num estado de sofrimento ininterrupto com aflições contínuas como doenças crônicas. Os tratamentos que preservam a vida e a saúde não podem ajudá-los. Quando sofremos de doenças, dores e problemas, há sempre uma causa imediata, mas a razão subjacente é nosso *karma*. Duas pessoas podem ter a mesma doença e receber o mesmo tratamento, mas uma terá melhores resultados que a outra porque elas possuem *karmas* diferentes. Se atribuirmos a diferença à sorte, então teremos somente uma compreensão superficial da situação.

Algumas pessoas têm má inclinação desde a infância. Estas tendências são também resultado do *karma*. Os pais podem criar seus filhos da mesma maneira, e ainda assim eles serão diferentes devido a sua natureza produzida pelo *karma*. As vidas passadas produzem tendências inatas. As ações das vidas passadas determinarão todos os fatores como o local de nascimento ou o tipo de morte das vidas futuras. Se alguém nasce em um lugar perigoso ou de lutas constantes, o nascimento neste lugar deve-se ao *karma* passado. Se uma pessoa assassina outra nesta vida, então, em sua próxima vida, a vítima poderá tornar-se o assassino, e o assassino, a vítima. Cada uma de nossas ações é um elo na cadeia sem começo, porque o *samsara* não tem começo; ele pode, entretanto, ter um fim.

Para compreender esta cadeia, é necessário entender a relação entre mente e corpo. A mente é como um rio que passa por países diferentes (corpos). Um rio toma diferentes nomes (formas) conforme os diferentes países. Desta maneira a mente segue, carregando o *karma* acumulado com ela. Quando morre um ser, o corpo deteriora-se, e a mente continua em outra forma de corpo, tomando outra forma de acordo com o tipo de corpo que ela ocupa para essa vida.

Por não fazerem distinção entre mente e corpo, as pessoas pensam que ambos surgem juntos, através dos pais, e juntos desaparecem depois da morte. Após a morte, o corpo permanece em um estado de deterioração, mas se corpo e mente fossem o mesmo, também a mente deveria ficar nesse estado. Em um ser vivo, corpo e mente têm um relacionamento imediato, mas quando o ser morre, este relacionamento torna-se mais e mais remoto. Conforme a mente torna-se mais distanciada do corpo, os sentidos e as funções corporais gradualmente desaparecem até que finalmente cessam. Algumas pessoas pensam que as funções da mente dependem da respiração, mas *yogis* avançados são capazes de viver e concentrar-se durante anos sem respirar. Já que mente e corpo são absolutamente diferentes, suas causas devem ser também absolutamente diferentes. Para os seres humanos, a causa do corpo é a união espermatozóide-óvulo dos pais. É devido a este contato que as crianças possuem similaridades físicas com seus pais. Esta causa física imediata não pode produzir a mente da criança. Isto poderia ser assim se não houvesse diferença entre mente e corpo.

Há também alguns estados mentais que podem ser passados de pai a filho. Algumas formas de loucura, por exemplo, podem ser causadas por desequilíbrios nos elementos do corpo, e estes podem ser passados. A mente segue normalmente o ar que entra e sai; portanto, o desequilíbrio nestes ares* pode criar um desequilíbrio mental.

Os médicos podem alterar o temperamento operando o cérebro. Dado que o cérebro é o centro dos nervos que conduzem os ares que influenciam os processos mentais, todos os ares são centralizados desta maneira no cérebro. É por isto que podemos desenvolver uma dor de cabeça quando nos concentramos muito firmemente; esta concentração excessivamente forte produz pressão no cérebro. Embora a mente seja influenciada pelos nervos aí localizados, a própria mente é abstrata, não física, e suas causas devem ser da mesma natureza. Cada "mente sem um corpo" produz a próxima. Os corpos têm um começo, a mente, não. O *karma* continua junto com a mente.

As mentes dos seres em *samsara* estão sempre plenas de ilusão. Se, pela prática do *Dharma,* a ilusão pode ser removida e alcançado um alto nível espiritual, a mente pode espalhar-se para mais de um corpo; os lamas encarnados (*tulkus*) podem ter diversas formas de corpos simultaneamente. Quando uma pessoa atinge o alto nível espiritual de *arhat,*** fica então completamente fora do *samsara*. Um *arhat* (destruidor do inimigo) não é necessariamente um *Bodhisattva,* mas o mais alto *arhat* é um Buddha. Antes de alcançar o estado de Buddha há diferentes níveis de mente, mas as mentes de todos os Buddhas são iguais.

---

* O termo "ares" refere-se às correntes de Prana, a energia vital. (N.E.)

** *Arhat* – é quando atingimos a libertação do *Samsara* (a roda dos renascimentos). (N.E.)

Se uma pessoa rouba, o resultado imediato é seu renascimento num inferno frio. Tais seres nascem no gelo, e seus corpos são indistinguíveis do próprio gelo. O estalar do gelo produz muito sofrimento. Após ter nascido num inferno frio, estes seres podem renascer como animais vivendo em péssimas condições, como as dos cachorros párias da Índia. Mesmo que este tipo de ser nasça finalmente em forma humana, o nascimento será em condições de extrema penúria. As pessoas com este tipo de *karma* passado podem tornar-se crianças com uma tendência ao roubo, ou elas podem nascer num lugar onde nunca chova e haja fome. Qualquer que seja o resultado, ele é relacionado com as dívidas anteriores. Qualquer dificuldade relacionada com propriedades, falta de alimento etc., são os frutos do roubo. O *karma* afeta tanto o meio ambiente como o corpo e a mente.

O resultado mais pesado produzido pela má conduta sexual é o renascimento num inferno*. O mais comum é "renascer" em um estado inferior. Um ser não pode praticar uma má conduta sexual num inferno. Se o ser renasce como humano, ele ou ela experienciará então problemas conjugais tais como o adultério. Algumas vezes mesmo crianças pequenas possuem inclinação para atos sexuais perversos; esta tendência é o resultado da má conduta passada. Devido a estes tipos de ações passadas, a pessoa pode renascer num meio ambiente muito pernicioso.

---

* Referência simbólica a um estado mental inferior experimentado no "bardo" após a morte. (N.E.)

Se a pessoa diz uma mentira prejudicial, o renascimento pode também ser num inferno. Se o ser renasce como humano, então ele ou ela não terá amigos confiáveis nem gozará da credibilidade dos outros. Esta pessoa, desde a infância, terá a tendência à mentira. O próprio meio ambiente pode ser muito decepcionante.

A pessoa que calunia com intenção cruel deve renascer num inferno. Se renasce como humano, perderá seus amigos pela calúnia, e desde a infância terá a tendência de caluniar os outros. O renascimento pode ser num lugar perigoso, com tremores de terra e outras calamidades.

Se uma pessoa usa palavras ásperas, pode resultar no renascimento em um inferno. Se renasce como humano, a pessoa será um escravo, um mendigo ou alguém que está sempre sendo repreendido. Terá a tendência de violentar os outros. Este *karma* pode também produzir um meio ambiente ruim. Por exemplo, algumas pessoas no Tibete vivem sempre em lugares de condições desagradáveis, o solo é coberto de espinhos e assim por diante. Estas pessoas pensam que o lugar é ruim, mas por alguma razão não podem afastar-se dele, dizendo: "Este é meu país, não posso deixá-lo".

Se por palavras irresponsáveis a pessoa produz demasiada ilusão, seu renascimento deve ser num inferno. Se o renascimento for como humano, a pessoa estará rodeada de amigos com mentes dispersivas que gostam muito de tagarelar. Mesmo que a pessoa deseje libertar-se desta superficialidade e ilusão, o meio ambiente não a deixará. Na infância gostará de conversa fiada. O renascimento pode ser num lugar onde cresçam ervas daninhas sem serventia de colheita. A conversa fiada não aparenta ser muito perniciosa, mas ela pode ser a pior espécie de ação inábil da palavra, porque se encorajamos esta tendência, ela ocorrerá de novo, desperdiçando nossas vidas.

A cobiça, se tiver efeitos perniciosos extremos, pode produzir o renascimento num inferno. Se a pessoa nasce como humano, os frutos que resultam podem ser da mesma espécie que os resultantes do roubo – uma constante falta de propriedade. Mesmo que nenhuma ação física inábil tenha sido praticada na vida passada, os maus frutos serão produzidos pelas ações da mente da pessoa. A pessoa terá apenas o oposto do que desejou. A cobiça causa outros atos inábeis, como o roubo, a mentira, a calúnia etc. A cobiça é também produzida na próxima vida.

Se o desejo de ferir os outros leva a matar, ou se a ação mental é forte e perniciosa o suficiente, o renascimento poderá ocorrer num inferno. A ação mental é a mais forte e o mais persistente tipo de ação. Se alguém mata um animal, isto envolve apenas uma ação inábil do corpo, mas muitas ações inábeis da mente. Uma pessoa pode estar sentada num postura de meditação, parecendo ser muito pura, mas executando muitas ações inábeis da mente. Se alguém, que no passado desejou aos outros muito mal, nasce como humano, esta pessoa torna-se receptiva a intenções maldosas, e tem somente amigos traidores. Uma pessoa que no passado manteve pensamentos maldosos a respeito de outros terá a mesma tendência desde a infância num nascimento futuro. É irônico que o fruto da cobiça seja que a pessoa não recebe o que quer, enquanto que o fruto de desejar o mal dos outros é que a pessoa receba o que não quer.

As opiniões errôneas evitam o progresso espiritual. Uma pessoa que acredita que ações tais como matar, roubar etc., não são erradas, e pratique estas ações, pode renascer num inferno. Mesmo que a pessoa acredite que tais ações sejam moralmente corretas, são produzidos maus resultados. Considere o seguinte exemplo: no topo da montanha existem algumas frutas. Um homem está à procura de frutas e três pessoas o enganam. Um envia-o para longe, o segundo envia-o num caminho muito perigoso e o terceiro lhe diz que ali não há fruta alguma. Seguindo o conselho dos dois primeiros, ele poderá levar muito tempo para achar as frutas, mas o terceiro enganou-o da pior maneira; se ele acreditou desde o início que não havia fruta alguma, não teve oportunidade de consegui-las. Manter opiniões erradas fecha a porta à felicidade. Se não causar o nascimento no inferno, pode causar o nascimento em um estado de ignorância, ou como humano em um lugar onde o *Dharma* não seja conhecido ou seja proibido. A fé errônea também abre a porta a todas as ações inábeis.

Esta é uma simplificação das dez categorias gerais do *karma* inábil e seus respectivos frutos. Se semearmos trigo, teremos muitos resultados diferentes – talos, folhas, grãos etc. Da mesma maneira, uma ação possui muitos tipos diferentes de frutos – tipos de nascimento, meio ambiente, tendências etc. É por isto que os budistas dizem que tudo vem do *karma*. O *karma* estrutura todas as coisas que acontecem no mundo. Tudo tem duas causas – uma causa imediata e também uma profunda *causa-karma*.

Klesha

O *karma* resulta de *klesha*[(8)] – impureza mental. O *karma* e o *klesha* são ambos considerados *āvaranas*. *Āvarana* literalmente significa "envoltório"; um *āvarana* cobre a mente, obscurecendo a realização do nirvana. O *karma* e o *klesha* juntos tornam-se *kleshāvarana*. Há também um outro tipo de *āvarana* que permanece mesmo no estágio de *arhat*, depois que o *karma* e o *klesha* desapareceram. Este é chamado *jñeyāvarana*, o envoltório do que pode ser conhecido, ou obscurecimento à onisciência.

O *klesha* é a causa imediata do *karma*; o *karma* causa sofrimento. Se pudermos remover o *klesha*, poderemos sustar o fluxo do *karma*, evitar o surgimento do sofrimento e atingir o nirvana – ainda que não o último nirvana. *Jñeyāvarana* ainda permanece em vários graus tanto para os *arhats* quanto para os *Bodhisattvas*, e ele é finalmente removido somente quando o estado de *Buddha* é atingido.

As Escrituras dizem que o *kleshāvarana* possui oitenta e quatro mil diferentes formas. Elas podem ser simplificadas em três categorias principais que originam as outras ou nas quais as outras são incluídas: desejo, aversão e ignorância.[(9)]

1) **Desejo**

O desejo é facilmente distinguível da aversão. O desejo deve ter um objeto e torna este objeto mais belo e atrativo do que é na realidade. O desejo causa o *karma* inábil em qualquer das seguintes maneiras: se desejamos comer carne, matamos animais; se desejamos possuir propriedades, temos inclinação ao roubo; se desejamos manter relações sexuais, podemos ter má conduta sexual. Desejando criar uma falsa impressão, podemos mentir; para obter um objeto desejado ou atingir um objetivo, podemos caluniar os outros; embora a aversão seja mais comumente a causa, o desejo também pode fazer-nos pronunciar palavras ásperas; pela forte atração por coisas tolas, podemos desperdiçar nosso tempo em conversas fiadas. O desejo é a causa direta da cobiça; o desejo por possessões dos outros pode produzir pensamentos maléficos. Abreviando tudo, se qualquer ser, desde o humano até o menor inseto, deseja algo, este desejo produz uma ação inábil, ação esta que surgiu do *klesha* do desejo.

2) Aversão

A aversão tem efeito oposto ao desejo: ela faz seu objeto parecer ser pior do que é. A aversão pode facilmente resultar em morte; pode causar o roubo quer por despeito quer pelo desejo de despojar alguém; da mesma maneira pode causar má conduta sexual. A mentira e a calúnia são habitualmente causadas pela aversão, e as palavras ásperas normalmente derivam dela. As conversas irresponsáveis também podem ser o resultado da aversão, como quando uma pessoa fala longamente de maneira pejorativa sobre outra pessoa. Embora a cobiça não seja produzida pela aversão, a malícia normalmente é.

Quando temos um desejo, ele não é tão doloroso quanto a aversão. Ele pode trazer felicidade temporária, e quando o experienciamos, desejamos estar junto do que desejamos. A aversão sempre produz dor imediata; queremos estar bem longe do que temos repulsa. Nas Escrituras, o desejo é comparado a uma flor que é muito linda a princípio, mas muito cedo muda e torna-se feia. A aversão é comparada com uma vespa que somente fere. A fisionomia de uma pessoa cheia de desejo é brilhante e radiante; a fisionomia de uma pessoa cheia de aversão é carregada e sombria.

3) Ignorância

Todas as ações inábeis exceto as opiniões errôneas podem resultar do desejo e da aversão; estas são sempre produzidas pela ignorância. Embora possamos ser induzidos a erro pela ignorância de outros, as opiniões errôneas são, fundamentalmente, o resultado de nossa própria ignorância. O desejo e a aversão são ativos e fazem as coisas melhores ou piores do que elas são; a ignorância é basicamente o erro na compreensão da natureza das coisas [de *Shūnya*]. Se matamos, não por aversão ou desejo, mas porque não pensamos estar errados, ou até pensando que isto é certo, este é o resultado direto da ignorância. Qualquer ato inábil que surja do desconhecimento de sua inabilidade é parcialmente baseado na ignorância. Pessoas que sacrificam animais, por exemplo, pensam que elas estão fazendo algo bom – elas não têm malevolência ou desejo que as ligue ao animal; acreditam que isto agradará a seus deuses.

O medo pode ser bom, mau ou indiferente. Se praticamos uma ação muito má e nos arrependemos por medo dos frutos do *karma*, o medo de seus efeitos é razoável e prudente. Este próprio medo pode levar-nos primeiro à prática do *Dharma* e, após, em direção à iluminação. Se estivermos temerosos de praticar o *Dharma* baseados numa crença de que esta prática poderá ser prejudicial, este medo é o fruto da ignorância. Quando as crianças têm medo do escuro, temendo fantasmas, isto não é bom nem mau. Da mesma maneira, enquanto o medo da morte é produzido por nosso desejo de nos mantermos vivos, este próprio medo não é bom nem mau.

O desejo e a aversão são ambos produzidos pela ignorância. Nós os experimentamos porque não conhecemos a real natureza das coisas.

A razão para praticar a meditação é para superar o sofrimento:

– para superar o sofrimento temos que superar o *karma*;
– para superar o *karma* temos que superar o desejo e a aversão;
– para superar o desejo e a aversão devemos superar a ignorância;
– a meditação supera a ignorância.

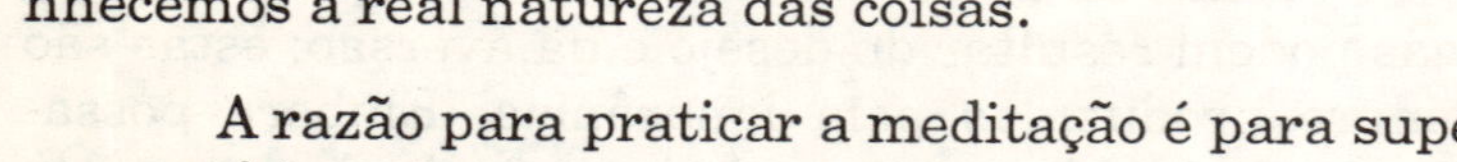

Nenhum ser deseja o sofrimento; por isso todos querem removê-lo. Muitos não sabem como fazê-lo, e alguns até criam sofrimento com seus esforços para removê-lo. As pessoas tomam medicamentos que curam a doença por algum tempo, mas não podem removê-la para sempre. Para afastar o sofrimento permanentemente, temos que encontrar sua causa – o *karma*; devemos remover a causa da causa – desejo e aversão; temos que remover a causa destes – a ignorância. A ignorância é a raiz mais profunda de todo sofrimento. Se a ignorância for removida, tudo que provêm dela automaticamente desaparecerá. Escapar do *samsara* é impossível a menos que a ignorância seja removida. Se sentarmos em meditação sem entender a razão real para fazer isto, obteremos apenas resultados limitados.

Se quisermos remover a ignorância devemos primeiro descobrir a natureza da ignorância e seu oposto, *Shūnyatā* [a falta de existência inerente do "eu"]. Então, com a meditação em *Shūnyatā*, poderemos remover a ignorância.

Há duas espécies diferentes de ignorância: a ignorância a respeito do 'eu', e a ignorância a respeito dos fenômenos externos.(10)

a) Ignorância a respeito do 'eu'

Desde os devas até os menores insetos, todos os seres que vivem em *samsara* estão sujeitos a este tipo de ignorância. Daí surgem as outras impurezas mentais. Esta ignorância faz com que percebamos a natureza do 'eu' de maneira errônea. Para removê-la, devemos ver o 'eu' da maneira correta.

O que chamamos de 'eu' pode ser dividido, quer no corpo (originado pelos pais), quer na mente (originada em existências passadas), em cinco *skandhas* [agregados]. Estes *skandhas* são os cinco elementos de existência sensorial. São eles:

1. Forma física (*rūpa-skandha*)

Isto inclui ar, sangue, sêmen, ossos; ela é concreta, incluindo todos os elementos, em vez de abstrata. O som da voz é incluído neste *skandha*, porque o som é uma forma.

2. Sensações (*vedanā-skandha*)

Estas surgem dos contatos corporais e dos contatos mentais (com idéias, conceitos etc.). Estas podem ser agradáveis, desagradáveis ou indiferentes.

3. Cognição, percepção, diferenciação (*samjñā-skandha*)

Este *skandha* é o que reconhece os objetos pela visão, audição, olfato, paladar, tato e pelo pensamento.

4. Formações volitivas (*samskāra-skandha*)

Samskāras são qualidades ou tendências da mente produzidas pelo *karma* que controlam as várias espécies de fatores mentais condicionantes ou *caitta*. *Caitta* está num relacionamento inseparável com a mente essencial, *citta*. Estes fatores podem ser benéficos, como ter atenção plena, concentração, inteligência, sabedoria, confiança, energia, tranqüilidade, amizade e alegre empatia perante o sucesso dos outros; ou podem ser nocivos, como a ignorância, o desejo, a raiva, a cobiça e tudo que não é proveitoso no sentido espiritual. *Caitta* é o *karma* mental. O *karma* do corpo e da palavra tem origem em *caitta*. Muitos *caitta* estão incluídos em *samskāra-skandha*. A seqüência do tempo e a natureza das coisas em mudança estão incluídas neste *skandha*.

5. Consciência (*vijñāna-skandha*)

A função deste *skandha* é a percepção de um objeto. Ele permite o funcionamento dos outros *skandhas*.

Juntos, os cinco *skandhas* mantêm o conceito do 'eu'. Este conceito não pode ser mantido isoladamente por qualquer dos *skandhas*. Ele depende de todos eles, assim como as rodas, as janelas, o volante, o motor e outras partes juntas que compõem algo para o qual usamos o conceito de *carro*. Qualquer destas partes isoladas não é um *carro*. Se todas as partes forem empilhadas juntas, elas ainda não são um *carro*. Estas partes arranjadas numa certa ordem compõem o que as pessoas reconhecem e pensam como um *carro*. Se as pessoas não lhe dessem este nome e não o reconhecessem como um *carro*, elas não seriam um *carro*.

O conjunto conhecido como um ser humano particular é "construído" da mesma maneira que um carro. Uma criança nasce composta de cinco *skandhas*, tendo todas as qualidades usuais. Seus pais chamam-no *Tashi*. Assim, este conjunto de *skandhas* e qualidades torna-se geralmente conhecido e reconhecido como *Tashi*.

Em *samsara* há três planos de existência: o reino do desejo (*kamadhātu*), o reino da forma (*rūpadhātu*), e o reino do sem-forma (*arūpadhātu*). Nos primeiros dois reinos nenhum ser pode existir sem todos os cinco *skandhas*. No reino do sem-forma, os seres podem existir sem a forma física – *rūpa-skandha* – mas eles ainda têm os outros quatro *skandhas*. Sem estes não há 'eu'. O conceito de 'eu' não pode ser mantido por um *skandha* isolado. O 'eu' depende de todos eles e não tem existência independente e separada deles. Todos os seres existem como uma combinação destes *skandhas* e não podem existir sem eles. Buddha também é uma combinação destes *skandhas*, mas um 'eu' que está purificado e transformado.

Há duas maneiras de encarar o 'eu':

1ª Através da ignorância [*avidya*] temos uma compreensão errada do 'eu'. Isto produz aversão e desejo, um *karma* inábil e sofrimento.

2ª Através da realização de *Shūnyatā* temos a compreensão do vazio do 'eu'. Isto é a compreensão correta do 'eu'. A meditação em *Shūnyatā* remove a ignorância e desta maneira todas as outras impurezas mentais e o que resulta delas.

Nossa ignorância tem apreendido o 'eu' de maneira errônea, à medida que pensamos o 'eu' como uma entidade existindo independentemente. Quando estamos conscientes do fato de que o 'eu' não existe independentemente, então podemos alcançar a reta compreensão. Sem esta compreensão nossa ignorância persiste. Este é o ponto principal sobre *Shūnyatā* ou Vazio: que o 'eu' não tem uma existência independente. O vazio de *Shūnyatā* é o vazio do 'eu' como uma entidade existindo independentemente. O 'eu' existe apenas como uma combinação dos *skandhas*.

b) A ignorância em relação a fenômenos externos

A ignorância a respeito dos cinco elementos, das montanhas, dos mares etc., constitui a ignorância referente a fenômenos externos. Se consideramos um *biscoito*, por exemplo, ele é uma combinação de várias coisas – trigo, água, óleo, fogo e a atividade do padeiro. Nós o reconhecemos como um *biscoito*, mas, na realidade, ele é a combinação de forças e qualidades. Esta análise aplica-se a todos os fenômenos externos; por último, devemos compreender que não há diferença entre o 'eu' e os fenômenos externos. Mas quando olhamos para qualquer deles sem pensar cuidadosamente sobre o que eles realmente são, nós os vemos existindo independentemente. Tudo muda sutilmente em uma fração de segundo. Os cientistas podem ver mudanças muito sutis nas coisas com instrumentos como microscópios (embora não as mudanças mais sutis), mas quando eles não estão estudando estas mudanças, estes mesmos cientistas vêem as coisas como existindo independentemente.

Esta dupla ignorância sobre o 'eu' e sobre os fenômenos externos é a raiz de toda impureza mental, *karma* e sofrimento. Para remover o sofrimento devemos remover completamente esta ignorância. A única maneira de fazer isto é meditar em *Shūnyatā*. Há muitos outros objetos de meditação, mas o mais importante é a meditação em *Shūnyatā*.

PARTE II

A SENDA DO *BODHISATTVA*

BODHICITTA

Yana[11] não é o que conduz, nem o que é conduzido; é a condução. Assim *Hinayana* significa "conduzir a carga menor" e *Mahayana*, "conduzir a carga maior".

A pessoa que pratica *Hinayana* acha o *samsara* insuportável e tem o desejo de escapar dele para o estado de nirvana. Este tipo de ser ajuda enormemente os outros, renunciando ao mundo e esforçando-se para obter a liberdade, mas para este indivíduo o pensamento principal é a libertação do *samsara*. Um *arhat* – aquele que completou esta Senda de libertação pessoal – tem muitos poderes espirituais e pode dar ensinamentos e ajuda espiritual a muitos seres, mas até mesmo para o *arhat* ainda permanece a necessidade da remoção do *jñeyāvarana*. Atingir o nirvana provará não ser suficiente, e o *arhat* progredirá então através do estágio de *Bodhisattva* ao estágio final, o estado de Buddha.

Uma pessoa que pratica *Mahayana* também renuncia ao *samsara* e tem o mesmo desejo de fugir dele. Mas esta pessoa, porque se identifica com todos os outros seres em *samsara*, não deseja uma mera e pessoal libertação. Devido a sua grande preocupação com os outros, o desejo todo poderoso desta pessoa é proporcionar completa felicidade a todos os seres.

Esta pessoa primeiro compreende que todos os seres em *samsara* – insetos, devas e demais – são iguais, no sentido de que todos eles desejam a felicidade e não o sofrimento. Este tipo de pessoa também percebe que nenhum destes seres tem a satisfação da felicidade completa. Por este motivo, ele ou ela desenvolve um grande desejo de tirar todos os seres do sofrimento. Este desejo, que é também um tipo de *caitta*, é chamado *mahākarunika*, "o que tem grande compaixão". A pessoa compreende que todos os seres em *samsara*, embora tenham felicidade transitória, não têm felicidade verdadeira, permanente. O desejo seguinte, o de dar a todos os seres a felicidade real do estado de Buddha é chamado *mahāmaitreya*, "o grande desejo de amor ativo". Estes desejos são mais fortes do que a insatisfação do discípulo *Hinayana*. Antes que este estágio de aspiração seja atingido, há muitas outras práticas que deverão ser desenvolvidas para que o praticante possa compreender completamente o sofrimento dos seres.

No princípio a pessoa quer conduzir todos os seres à iluminação sem qualquer ajuda. Isto é chamado de *ādicintā*, "o primeiro pensamento". Então, após julgar se há poder suficiente para fazer isto sozinho, ele descobre que as mesmas imperfeições que os outros seres possuem, existem também nele próprio, o praticante. Ele descobre, desta forma, que o único que pode fazer isto é um Buddha. Conseqüentemente, o praticante desenvolve o desejo de atingir o estágio de Buddha rapidamente. Isto é *bodhicitta*,[12] "a mente dedicada à iluminação". Quando alguém praticou bastante *mahākarunika*, *mahāmaitreya*, *ādicintā* e *bodhicitta* tornam-se parte da real natureza da pessoa. Neste ponto o praticante torna-se um *Bodhisattva,* embora ainda não um *Ārya-Bodhisattva* – um *Bodhisattva* muito avançado que viu claramente *Shūnyatā.* Quando o praticante atinge este nível muito elevado de *Bodhisattva,* todos os devas prestam-lhe homenagem. Uma vez que surgiu *bodhicitta,* a semente do *Dharma* continuará a crescer mesmo se a pessoa estiver desperta ou adormecida, e até mesmo um *karma* muito pernicioso pode ser contido em seu desenvolvimento.

Normalmente, as pessoas somente podem remover o *klesha* pela meditação em *Shūnyatā. Bodhicitta* torna a meditação em *Shūnyatā* muito mais poderosa. Quando um soldado está combatendo o inimigo, necessita usar suas armas, mas ele também necessita de boa comida; *bodhicitta* é como este alimento.

Para atingir o objetivo final necessitamos de dois instrumentos: *prajñā* (sabedoria) e *upāya* (meios retos) que abrangem compaixão e atividade compassiva[(13)]. *Mahākarunika, mahāmaitreya, ādicintā* e *bodhicitta* estão todos incluídos em *upāya. Prajñā* é ver as coisas como elas realmente são. Um *Bodhisattva* deve ter ambos. Os *arhats* que completaram a Senda *Hinayana* estão fora do *samsara* e atingiram o mais baixo nível do nirvana; são fortes em *prajñā* – na realização do *Shūnyatā* – mas fracos em *upāya.* Eles têm compaixão (*karuna*), mas não a grande compaixão de *mahākarunika.* Eles têm amor ativo (*maitri*), mas não *mahāmaitreya.* A principal diferença entre sua Senda e a do *Mahayana* está em *upāya.* Os *arhats* não permanecem para sempre sem ela e devem desenvolvê-la mais tarde.

Para quem está interessado em saber mais sobre a mente voltada à iluminação, Pandit Santideva, em seu *Bodhicaryāvatāra* ("Um Guia para o Modo de Vida dos *Bodhisattvas*") menciona todas as diferentes virtudes de *bodhicitta*.

AS CINCO SENDAS E OS DEZ NÍVEIS

Há cinco Sendas sucessivas nas quais um *Bodhisattva* se desenvolve:

1. a Senda da acumulação (*sambharmarga*);
2. a Senda do treinamento ou preparação (*prayogamarga*);
3. a Senda da visão (*darsanamarga*);
4. a Senda da contemplação intensa (*bhavanamarga*);
5. a Senda da libertação ou que não requer treinamento (*vimuktimarga*).

Quando *bodhicitta* foi desenvolvido até que seja natural e intrínseco, o *Bodhisattva* obteve completamente o *sambharamarga* (o qual tem níveis inferiores antes deste). Então muitos poderes espirituais são atingidos (*siddhi*), como os poderes psíquicos (*mahābhijña̅*) que o capacitam a conhecer os pensamentos das outras pessoas, a saber acontecimentos passados e futuros das vidas de outros seres, a voar, a ter corpos múltiplos e assim por diante. Um *Bodhisattva* não se concentra especialmente nestas técnicas para obter um poder particular; estes poderes vêm naturalmente. Mas ele pode usá-los para o bem porque estes poderes auxiliam muito na visão do *karma,* no desenvolvimento espiritual e nas potencialidades dos outros seres, e, vendo-os, avaliar se eles estão num estágio no qual possam ser auxiliados a escapar do *samsara*. O *Bodhisattva* pode ver em que lugar os seres podem receber ensinamentos dos Buddhas e dos *Bodhisattvas* nos vários "campos-de Buddha".[14]

Muitas outras virtudes podem advir aos *Bodhisattvas*.

Neste ponto, o mais importante para os *Bodhisattvas* é meditar em *Shūnyatā*, o que ainda não é percebido claramente. Quando *Shūnyatā* torna-se mais claro, a segunda Senda, a Senda do treinamento é atingida; este estágio precede imediatamente o tornar-se um *Ārya-Bodhisattva*.

Então, após muita meditação, surge dentro do *Bodhisattva* o sentimento de que a mente que medita e *Shūnyatā* são unos, como a água despejada na água (embora este sentimento não seja preciso). Isto significa atingir a Senda da visão e tornar-se um *Ārya-Bodhisattva*. Embora o *Ārya-Bodhisattva* ainda retenha antigo *karma* bem como algumas impurezas, nenhum novo *karma* é produzido quando este nível avançado é atingido, e há grande aumento dos poderes psíquicos. Por exemplo, os seres *Ārya-Bodhisattva* obtêm os poderes para erradicar o *karma* passado e até impurezas profundas porque há muitas camadas diferentes de *āvarana*, que devem ser removidas uma a uma; conforme os poderes psíquicos tornam-se mais fortes, o *Bodhisattva* pode remover maior número de camadas.

Graças à primeira percepção direta de *Shūnyatā* na Senda da visão, o *Bodhisattva* remove a primeira camada de obscurecimento pelas impurezas (*kleshāvarana*). Ele agora tem uma sabedoria maior porque há menos camadas de impurezas cobrindo ou escondendo a realidade. Nas primeiras duas Sendas, os obscurecimentos são suprimidos, mas não estão totalmente erradicados e, portanto, eles podem surgir de novo. Mas, na Senda da visão, uma camada foi realmente removida para sempre. Ao todo, há dez camadas de obscurecimento por impurezas; elas são como dez véus que escondem a realidade e devem ser desfeitos ou retirados. O praticante remove os *véus* que cobrem a realidade da mesma maneira que lavamos as roupas, usando a força e o sabão corretos e apropriados para a quantidade de sujeira.

Há dez níveis(15) de *Ārya-Bodhisattva*:

1 alegre (*pramuditā*);
2 sem mancha (*vimalā*);
3 iluminador (*prabhakarī*);
4 radiante (*arcismatī*);
5 difícil de conquistar (*sudurjayā*);
6 voltando-se na direção (*abhimukhī*);
7 indo longe (*durangamā*);
8 inabalável (*acalā*);
9 boa mente (*sādhumatī*)
10 nuvem de *Dharma* (*dharmameghā*).

O nível alegre, *pramudita*, é atingido na Senda da visão, e todos os outros nove na Senda da contemplação intensa [a quarta Senda]. Em cada um dos dez níveis, o *Bodhisattva* aumenta gradualmente em virtude e sobrepuja maiores impurezas. Em diversas Escrituras, os números de aumento em virtude são indicados para cada nível; para alguns níveis elas são inumeráveis. Todos estes níveis são uma corrente conectada. Uma camada de obscurecimento, de impurezas, é removida a cada um dos primeiros sete níveis; no oitavo, "o inabalável", as três restantes são removidas estando então o *Bodhisattva* inteiramente livre de *kleshāvarana*. A respeito da remoção das impurezas, ele é igual aos menores *arhats*, mas em termos de virtude acumulada por esta prática, o *Bodhisattva* é muito maior. Estas impurezas são todas removidas pela meditação em *Shūnyatā*; no nível do inabalável há particularmente um forte crescimento na força desta meditação em *Shūnyatā*.

No nono nível, "o boa mente", o *Bodhisattva* começa por fim a remover o obscurecimento da sabedoria – *jñeyāvarana*. Isto é muito sutil e difícil de perceber. Se colocamos um pouco de alho ou cebola num pote e depois os retiramos, o gosto ainda permanece. Da mesma maneira, embora a impureza tenha desaparecido, este obscurecimento ainda permanece. No nível do "boa mente", o *Bodhisattva* está fora do *samsara*, mas sua sabedoria ainda não é completamente perfeita. Neste ponto, ele pode reconhecer e começa a remover o único fator remanescente da realidade obscurecida: o obscurecimento da sabedoria. Sem a remoção do obscurecimento da sabedoria o *Bodhisattva* não pode auxiliar os seres tão amplamente como um Buddha completamente iluminado. O grau em que podemos auxiliar os outros depende da profundidade de nossa sabedoria.

Enquanto o obscurecimento de impurezas é como um corte que nos causa dor, o obscurecimento da sabedoria é como uma cicatriz sem dor que permanece quando o corte já foi curado mas ela ainda não desapareceu. "Nuvem de *Dharma*" é o nível imediatamente anterior ao estado de Buddha, no qual os últimos traços do obscurecimento da sabedoria são eliminados. A remoção dos obscurecimentos é como a remoção de véus incrivelmente finos e delicados. O desenvolvimento de maior poder espiritual é como ter binóculo mais e mais forte para ver mais e mais claramente. No estágio de Buddha, todos os obscurecimentos desapareceram. Mesmo uma pequena parte da mente de um Buddha pode ver todas as coisas claramente ao mesmo tempo. Se houver até mesmo uma pequena nuvem no céu, haverá também uma pequena sombra na Terra. Quando esta nuvem desaparece, o Sol pode brilhar em toda parte. No nível chamado "nuvem de *Dharma*", o *Bodhisattva* medita em *Shūnyatā* com perfeita concentração. Embora *Shūnyatā* possa ser visto clara e completamente, o *Bodhisattva* do décimo nível não pode perceber ambos os fenômenos simultaneamente. Um Buddha, entretanto, pode ver ambos, *Shūnyatā* e os fenômenos ao mesmo tempo. As coisas têm *Shūnyatā* – o vazio da existência própria independente – mas elas próprias não são *Shūnyatā*. No momento que este traço final de obscurecimento da sabedoria desaparece, a existência fenomênica surge ao mesmo tempo que *Shūnyatā*. Neste momento, um Buddha pode ver a fenomenalidade e *Shūnyatā* simultaneamente, não somente com a percepção do olho mas também com os outros sentidos-percepção. Na ocasião em que torna-se um Buddha, não somente tem conhecimento da mais profunda natureza de tudo que é atingido mas também das virtudes últimas do corpo – tais como a fácil multiplicação do corpo inúmeras vezes – e da fala – como ter a capacidade de instruir qualquer ser sem dificuldade – também são conseguidas.

A virtude de um ensinamento do Buddha é ilimitada. Se, por exemplo, mil pessoas perguntam cada qual uma coisa diferente em uma língua diferente ao mesmo tempo, um Buddha, dizendo apenas uma palavra, pode responder imediatamente a todas estas questões. Nós não temos o poder interior para fazer este tipo de ação em virtude de nossos *āvaranas*. Ao todo, há sessenta e quatro virtudes na linguagem de um Buddha: doçura, suavidade, uma atração que faz as pessoas desejarem ouvir, uma qualidade que dá um sentimento de paz àqueles que escutam etc. As diferentes virtudes do corpo, palavra e mente de um Buddha podem ser encontradas em muitos *sūtras* diferentes e elas são apresentadas coletivamente em um trabalho do Lama Tsong-Khapa.(16)

Há cento e doze virtudes diferentes de um corpo de Buddha. Seu dever é ajudar os seres; se for necessário, num segundo ele pode multiplicar-se tantas vezes quantos forem os seres, ou pode manifestar-se como qualquer tipo de ser ou objeto tal como árvores, água etc. O Buddha executa este tipo de ação miraculosa sempre e somente para ajudar os seres a libertarem-se do *samsara*.

Para receber esta ajuda, devemos também contatar o Buddha por nós mesmos. À noite, quando a Lua está brilhando na superfície de um lago que é claro e tranqüilo, a luz pode brilhar em todas as partes dele, mas, se a superfície for perturbada ou agitar-se, a Lua não pode penetrar ou ser refletida; quando a superfície é suave e limpa, a Lua reflete-se claramente nela, sendo a reflexão o mesmo que a Lua no céu. Da mesma maneira, o auxílio de Buddha dirige-se igualmente a todos os seres; é a receptividade, do lado dos seres que varia. Devemos, de nossa parte, fazer contato com o Buddha; se não fosse necessário que agíssemos de nosso lado, ele já teria tirado todos nós do *samsara*. Um Buddha tem o último *mahākarunika*, portanto não deixará os seres em sofrimento se somente por seus esforços fosse capaz de tirá-los dele. Se você bate sua mão esquerda com sua mão direita, sua mão esquerda deve estar ali para receber a batida, pois de outra maneira não haverá som.

Uma vez que sejam removidos todos os envoltórios e o poder da virtude que foi erguido estiver em sua altura plena, nada existe que não possamos fazer. Podemos multiplicar infinitamente nossos corpos e podemos ensinar em todos os níveis, desde o começo da Senda até seu objetivo final; a virtude da mente de um Buddha está em que mesmo uma pequena parte dela conhece a realidade de tudo. Este estágio de Buddha é o efeito de muitas causas, conquistadas através de uma enorme quantidade de prática do *Dharma*.

Depois que o Buddha histórico, Sakyamuni, terminou seus ensinamentos na Terra, todos os seres daquele tempo que tiveram o *karma* de vê-lo e ouvi-lo, fizeram isto; assim ele pôde continuar seu trabalho em outros reinos. Embora não use mais a forma humana, ele pode ainda ajudar os seres em outras formas. Os Buddhas podem tomar formas comuns tais como de um amigo, um guru etc.

AS SEIS PERFEIÇÕES (*PĀRAMITĀS*)

Um *Bodhisattva* que deseja tornar-se um Buddha deve praticar seis perfeições [*pāramitās*]:[17]

1. a perfeição de dar (*dāna*);
2. a perfeição da moralidade (*sīla*);
3. a perfeição da paciência (*ksānti*);
4. a perfeição da energia (*vīrya*);
5. a perfeição da meditação (*dhyāna*);
6. a perfeição da sabedoria (*prajñā*).

A Perfeição de Dar

Esta perfeição é dividida em quatro categorias: a doação de bens materiais, de *Dharma*, de refúgio e de amor ativo (*maitri*).

a) A doação de bens materiais

Para a maioria de nós, os materiais básicos tais como alimentos e roupas são o tipo de bens mais fáceis de dar. Os grandes *Bodhisattvas*, contudo, são capazes de dar seus próprios olhos, carne e até suas vidas. O objeto que damos não é a doação real – ele é apenas o meio da doação. A atividade real de doar é a forte decisão de dar livremente sem avareza. Desta maneira, mesmo se nada possuímos, podemos praticar a doação, porque esta atividade depende de nosso estado mental, não do objeto que é doado. Milarepa tinha somente uma roupa para usar e viver e proteger-se das urtigas, mas ele praticou a perfeição final da doação. No começo, quando tentamos iniciar esta prática, podemos achar que mesmo a doação de dinheiro ou de coisas materiais é difícil; após completar plenamente a perfeição de doar, entretanto, a doação de qualquer coisa, mesmo de nossa própria carne, é fácil. Para praticar a perfeição necessitamos de um desejo muito forte de ajudar os outros e uma vontade muito forte. Mas, se o motivo para doarmos nossos bens é, por exemplo, ganhar fama, esta não é a real prática da doação.

b) A doação do *Dharma*

A doação do *Dharma* significa que alguém doa, de mente pura, o verdadeiro ensinamento para os outros seres. Este tipo de doação é mais benéfico do que a doação de bens materiais. A possessão de bens materiais auxilia somente por tempo limitado, enquanto o *Dharma* é permanente e mais profundamente útil, pois mesmo uma pessoa que possua bens materiais pode permanecer em sofrimento. Mas a doação do *Dharma* pode não somente remover este sofrimento, como também dar a esta pessoa uma nova visão de sabedoria. Incluso no trabalho dos *Bodhisattvas* para atingir o estado de Buddha está o esforço de ser capaz de dar o *Dharma* tão completamente quanto possível a todos os seres.

c) A doação do refúgio

Dar refúgio significa que trabalhamos para salvar e proteger as vidas de todos os seres vivos. Por exemplo, se pusermos de novo na água criaturas que estão presas no lodo, estaremos, assim, praticando este tipo de doação. A pessoa que verdadeiramente deseja dar um fim à guerra e à matança, está praticando o aspecto refúgio desta perfeição. Se a vida de qualquer ser estiver em perigo, temos que ajudá-lo como pudermos. A prática da doação de refúgio resulta em frutos muito bons imediata e profundamente.

d) A doação do amor ativo

A prática do amor ativo é o desejo de proporcionar felicidade real para todos os seres. Apenas por ter este desejo, não podemos ajudar diretamente os seres ao nosso redor. Entretanto, se este desejo for cultivado, ele dará eventualmente grandes resultados. O fruto imediato desta prática é que nenhum espírito pode prejudicar o praticante.

Todos estes tipos de doação ajudam de duas maneiras – elas ajudam os outros seres e a nós mesmos. Se praticamos a doação somente para nosso próprio benefício, esta não é a verdadeira doação.

A Perfeição da Moralidade

A perfeição da moralidade possui três aspectos:

O primeiro aspecto é a proteção de nosso corpo, palavra e mente para não realizarmos ações inábeis.

Temos a tendência de agir inabilmente, e esta tendência precisa ser contida. Nós nos protegemos de agir desta maneira quando não usamos nosso corpo, nossa palavra ou mente de maneira prejudicial. Podemos imaginar nosso corpo, nossa palavra e mente como se fossem três crianças travessas, e cada um de nós, seus pais, tentando mantê-las ocupadas num quarto. Logo depois da porta do quarto há um perigoso precipício. O precipício representa as coisas perigosas para as quais as crianças são atraídas. Sempre que elas tentam sair do quarto, temos que puxá-las para dentro e para a segurança. Se deixarmos corpo, palavra e mente andarem à vontade, experimentaremos muito sofrimento no futuro. Esta proteção do corpo, palavra e mente é o primeiro aspecto da moralidade.

O segundo aspecto é proteger os outros da mesma maneira que nos protegemos. Por exemplo, quando alguém está disposto a matar um animal, nós lhe provamos que isto é errado. Estamos protegendo esta pessoa de praticar ações perniciosas.

O terceiro aspecto é quando executamos qualquer ação hábil, ela, automaticamente, nos protege de qualquer ação inábil. Esta substituição de ações hábeis por ações inábeis é a perfeição da moralidade.

A Perfeição da Paciência

Há três tipos de paciência:

Paciência quando somos ofendidos pelos outros. Quando somos ofendidos material ou mentalmente pelos outros, não devemos reagir ficando irados ou retribuindo a ofensa.

Paciência quando estamos sofrendo. Quando sofremos, preferimos acusar alguém ou alguma coisa fora de nós como a causa deste sofrimento. A razão imediata de nosso sofrimento pode ser alguma coisa fora, mas a causa profunda e latente é nosso próprio *karma*, que é feito por nós. O fruto de nossas ações deve voltar para nós. Se uma pessoa nos esfaqueia, este ferimento tinha que nos acontecer. Não podemos culpar ninguém além de nós mesmos como a causa do que nos acontece. Se, devido à nossa religião, temos que abandonar nosso país e suportar um grande sofrimento, esta circunstância foi produzida por nós mesmos. Devemos pensar que a semente do sofrimento já foi plantada, por conseqüência deve crescer. Pensando assim, reduzimos o poder do sofrimento sobre nós. Devemos começar a praticar a paciência com pequenos sofrimentos; mais tarde estaremos aptos a ser pacientes com os maiores. Como resultado de ter praticado a perfeição da paciência, um *Bodhisattva* pode suportar qualquer sofrimento que beneficie os seres.

Na história tibetana, encontramos uma que mostra claramente quão benéfica pode ser a prática deste tipo de paciência. Alguns anos após o rei Langdarma ter erradicado a primeira influência do Budismo no Tibete, um rei do Tibete Ocidental, Lha Lama Yeshe Ö[18], decidiu restabelecer e propagar o *Dharma* puro na Terra. Por este motivo ele foi em busca de uma quantidade suficiente de ouro com o qual pudesse convidar os melhores *pandits* indianos a ir ao Tibete. Enquanto fazia sua busca, foi aprisionado pelo rei de Garlog que pediu como resgate o peso de Lha Lama Yeshe Ö em ouro. Mas, quando o sobrinho do Yeshe Ö trouxe o ouro, o velho rei recusou-se a deixar a prisão dizendo que sua vida estava quase no fim e que em vez disto seu sobrinho deveria trazer um *pandit* da Índia. O sobrinho pôde então convidar Atisha, de Nalanda, e Atisha restabeleceu o puro *Buddha-Dharma* no Tibete. Não somente este rei de boa vontade renunciou à sua própria liberdade para o bem dos outros, mas além disto não quis desforrar-se da pessoa que o mantivera em cativeiro. Ferir alguém que nos está ferindo não tem sentido do ponto de vista religioso. Quando buscamos vingança contra outros que parecem nos estar ferindo, isto não alivia nossa dor, apenas cria oportunidade para novos sofrimentos para nós por gerar mais *karma*. Se, por termos causado dor a outros, eles se voltam contra nós e nos batem com um pau, a causa imediata da dor é o pau. A pessoa que nos bate está manejando o pau, mas está reagindo contra nossa própria ação, e nossa ação foi causada por estarmos aferrados a uma excessiva impureza mental ou *klesha*. Assim, nossa raiva deve logicamente ser dirigida contra nosso próprio *klesha*. A raiva a outros seres é muito estúpida e serve somente para criar mais sofrimento para nós. Se um país que está sendo atacado por outro revida devolvendo a agressão, isto é o mesmo que uma pessoa faminta bebendo veneno.

Se todas as pessoas pudessem praticar a paciência, isto traria paz real ao mundo. Mas para pessoas sem experiência do *Dharma*, é muito difícil crer na eficácia da prática da paciência. Se alguém que for atacado revidar ao ataque, esta pessoa estabelecerá uma reação em cadeia que não tem fim. Mas se um lado mostra paciência, os outros também agirão assim. Encontramos esta noção na tradição cristã quando Jesus ordena oferecer a face esquerda àqueles que nos bateram na direita. Na tradição tibetana, Tsong-Khapa compôs dois versos com os quais ele orava:[19]

> *"Quando lembro, vejo ou ouço seres vivos falando duramente ou me batendo, possa eu meditar em paciência e, evitando a raiva, ver somente suas boas qualidades.*
>
> *Desenvolvendo o desejo puro na corrente do meu ser, que é baseado em bodhicitta, apoiando-me em outros seres mais caros do que eu mesmo, possa eu, rapidamente, proporcionar-lhes o supremo estado de Buddha".*

Quando somos prejudicados pelo corpo, fala ou mente de outras pessoas, isto nos atinge como uma espada, uma flecha ou uma lança. A prática da paciência é uma boa armadura de proteção contra isto. Sem a armadura, seríamos automaticamente feridos, mas, de posse desta boa armadura, não podemos ser feridos. Se não praticarmos a paciência mas, para tentarmos evitar os conflitos, meramente dissermos coisas agradáveis e formos amáveis com todo mundo, não seremos capazes de comportarmo-nos pacientemente com todos os incontáveis seres. Com paciência nós nos protegeremos constantemente do mal. Se tivermos que caminhar por uma Senda muito pedregosa, é impossível remover todas as pedras do caminho, mas sapatos resistentes nos protegerão de todos os ferimentos possíveis.

A terceira espécie de paciência é a paciência de manter a concentração na meditação, ou em qualquer coisa que se refira ao *Dharma,* sem permitir que influências que nos distraiam prejudiquem esta prática.

A Perfeição da Energia

Esta energia significa a energia para o *Dharma.* Há três tipos desta energia:

O primeiro é a energia da mente que detém o desejo por coisas inúteis. Se temos um desejo forte por coisas comuns, dissociadas do *Dharma,* este desejo rompe nossa prática do *Dharma.* Embora tenhamos que fazer nossas obrigações diárias, se esta preferência for maior que nossa preferência pelo *Dharma,* nossa atenção é retirada de nosso objetivo maior. A pessoa pode concentrar-se e trabalhar muito duro, mas se o objetivo de todo este esforço for mundano, então, de acordo com o *Dharma,* esta pessoa é preguiçosa.

As pessoas que realmente querem praticar o *Dharma* estão "apressadas" mesmo quando comem pois não têm tempo a perder. A energia usada para coisas mundanas é fraqueza. A energia usada para o *Dharma* é força real. Este aspecto da perfeição da energia impulsiona um ser rapidamente em direção à meta final. Tendo a energia para a prática do *Dharma,* o real objetivo da vida previne nosso ser de distrair-se com metas mundanas. Ela protege-nos de toda espécie de coisas prejudiciais.

O segundo tipo de energia protege-nos contra o cansaço. Por exemplo, quem medita sofre de tal cansaço que até a simples vista do lugar de meditação o põe a dormir, mas consegue remover esta fraqueza por este aspecto de energia. Uma maneira de controlar esta falta é considerar os benefícios da meditação ou da prática do *Dharma;* se mantivermos isto em mente, o cansaço corporal não nos fará perder nossa energia. As pessoas que trabalham não sofrem muito de cansaço porque elas pensam no pagamento que receberão. Se considerarmos os grandes frutos da prática do *Dharma,* trabalharemos duramente por ele. Os elevados lamas, que vivem nas montanhas com muito pouco alimento e sono, não ficam cansados nem se lamentam; pelo contrário, eles ficam muito felizes, porque eles podem ver que o fruto de seu esforço está próximo. Estes lamas têm muitas maneiras diferentes de praticar o *Dharma;* alguns estão sempre instruindo, outros vivem sós nas montanhas e talvez aceitem um ou dois discípulos.

O terceiro tipo de energia é a confiança de que não somos demasiado pequenos, fracos ou estúpidos para obter os frutos da prática do *Dharma.* A fraqueza deste tipo é um obstáculo no caminho para atingir este objetivo. Ela pode ser superada pensando que os mais elevados Buddhas e *Bodhisattvas* também tiveram uma vez este engano, vivendo em *samsara,* e foram piores do que nós. Praticando o *Dharma* eles atingiram os mais altos estágios da perfeição; e nós podemos fazer o mesmo. Ninguém tem virtude perfeita desde o começo; quando, pela primeira vez, as crianças vão à escola, não podem nem mesmo ler ou escrever, porém, mais tarde, aprendem não somente isto mas também muitas outras coisas, e algumas tornam-se grandes eruditos. Buddha disse que mesmo os insetos que vivem em excrementos podem tornar-se Buddhas. Se tivermos tudo isto em mente, não teremos razão para não praticarmos o *Dharma*.

Os três tipos de energia superam três fraquezas: a primeira fraqueza é a da mente que não se volta para o *Dharma*; a segunda é a da fadiga que nós experienciamos quando a praticamos; a terceira é a da dúvida que temos em nossa capacidade de atingir o alvo do *Dharma*. A pessoa que deseja atingir o topo de uma montanha deve, primeiro, voltar-se para a Senda; segundo, continuar e não se entregar à preguiça, e terceiro, não vacilar e pensar "Isto é possível para pessoas fortes, não para mim."

As Escrituras ensinam que todas as virtudes resultam da energia. Com energia alguém que não é inteligente pode obter os frutos do *Dharma*. Uma pessoa que é inteligente mas preguiçosa não obterá estes frutos, e sua inteligência é inútilmente desperdiçada. Com ambas, inteligência e energia, haverá o maior sucesso. Nas Escrituras, há uma alegoria: se em uma montanha o pasto seco pega fogo, e o vento sopra, toda a montanha estará em fogo. Mas, se não houver vento, o fogo desaparecerá logo adiante. O fogo é a inteligência, e o vento a energia. Se uma pessoa tem inteligência e não tem energia, nada será consumado. Portanto, a perfeição da energia é essencial para a conquista do objetivo.

As Perfeições da Meditação e da Sabedoria

A concentração deve ser num objeto. Isto é muito importante tanto na prática do *Dharma* como na vida comum. A palavra tibetana para meditação de concentração é *zhi ne*[(20)]; *ne* significa "residir" ou "permanecer", e *zhi* significa "em paz". Num sentido prático, então *zhine* significa viver pacificamente sem ocupação. Se não observarmos cuidadosamente, nossa mente parece até bastante pacífica, mas se nós realmente observarmos seu interior, ela não é nada pacífica. A mente não é capaz de fixar-se no mesmo objeto por um segundo. Ela flutua como uma bandeira ao vento; tão logo nos concentramos em uma coisa, outra surge para atrapalhar. Mesmo que morássemos numa alta montanha, num quarto silencioso ou em uma caverna, nossa mente ainda assim estaria sempre se movimentando. Se subirmos no topo de um alto edifício em uma cidade movimentada, podemos olhar para baixo e ver quanto movimento há ali, mas quando nos movimentamos com a multidão, estamos atentos somente a uma pequena parte deste alvoroço. Entre os vários fatores mentais, há movimento constante entre os elementos conflitantes; estes fatores sempre dirigem a mente. O movimento de uma bandeira tremulando ao vento não é causado pela própria bandeira, mas pelo vento. A mente é como uma bandeira e os fatores mentais são como o vento. Este movimento constante impede a concentração da mente num objeto por muito tempo.

Dentre os nossos fatores mentais, as impurezas são mais fortes do que as boas qualidades. Normalmente não tentamos controlá-los e, mesmo quando tentamos, isto é muito difícil, porque por muito tempo tivemos o hábito de sempre segui-los. Concentração ou calma permanente ocorre quando nossos fatores mentais são purificados e, assim, nossa mente é capaz de demorar-se, pacificamente, num objeto.

Há dois tipos de meditação: meditação analítica[21] e meditação de concentração[22]. É necessário usar ambas para remover a ilusão e atingir o objetivo. Algumas pessoas dizem que o pensar e o aprender sobre o *Dharma* não é meditação, mas as Escrituras dizem que estas atividades também são, de fato, espécies de meditação. Se não pensamos cuidadosamente nem conhecemos a natureza do objeto, não podemos nos concentrar bem. A inquietação dentro da mente é produzida pela própria mente; portanto, para acalmá-la necessitamos da ação da própria mente e não de qualquer coisa externa. A primeira ação deve ser feita pela mente; depois, para ajudar podem ser usados fatores favoráveis como lugares e posições adequados à meditação.

O lugar no qual praticamos a concentração deve ser limpo, calmo, próximo à Natureza e que nos seja agradável. Nossos amigos devem ser bons e pacíficos. O corpo deve também estar em boas condições, sem doenças. Colocar o corpo numa posição correta também ajuda. Para a meditação há sete aspectos diferentes sobre posição do corpo:

1 – Se não for penosa, é melhor a postura *vajra*[23], com as pernas cruzadas e os pés descansando

nas coxas voltados para o alto. Entretanto, se sentar nesta posição for doloroso e distrair a concentração, o pé esquerdo pode ficar preso sob a coxa direita e o pé direito pode descansar na coxa esquerda.

2 – O tronco deve estar tão reto e ereto quanto possível.

3 – Os braços devem estar arqueados, não descansando ao lado do corpo ou empurrados para trás; eles devem estar em repouso, porém firmes. Os polegares devem estar ao nível do umbigo.

4 – O pescoço deve estar ligeiramente curvado para frente com o queixo para dentro.

5 – Os olhos devem estar focados à frente, acompanhando os lados do nariz.

6 – A boca e os lábios devem estar relaxados, nem abertos, nem fechados firmemente.

7 – A língua deve pressionar gentilmente o palato.

Estes são os sete elementos da postura *vajra*. Cada um simboliza os diferentes estágios da Senda, mas cada um possui também uma razão prática. As pernas cruzadas e os pés nas coxas produzem uma posição trancada. Podemos nos trancar firmemente num lugar com as pernas cruzadas e os pés nas coxas como descrito acima; posicionados assim podemos ficar em meditação por muito tempo, mesmo por meses, sem cair. A retidão do corpo permite o melhor funcionamento dos canais que conduzem os ares pelos quais a mente controla nossos corpos. Se o corpo estiver reto, estes canais não estarão bloqueados. A posição dos braços também permite o melhor funcionamento destes canais. Se olharmos muito para o alto, poderemos facilmente ver algo que nos distraia; se a cabeça estiver muito baixa, sentiremos dor no pescoço e ficaremos sonolentos. A boca não deve estar fechada muito firmemente tornando a respiração difícil se o nariz estiver completamente obstruído, nem deve estar tão aberta que a respiração torne-se muito forte e aumente o elemento fogo do corpo causando pressão alta no sangue. Se a língua estiver pressionada contra o palato, a garganta e a boca ficarão úmidas e evitar-se-á que pequenos insetos entrem pela boca. Estas são as razões imediatas deste posicionamento. Ocasionalmente, a disposição dos canais internos nas pessoas é diferente e, desta maneira, necessitam de posições diferentes, mas isto é muito raro.

Apenas sentando na postura *vajra* adquirimos um bom enquadramento da mente, mas o trabalho principal deve ser feito pela própria mente. Se um ladrão entra num quarto, a maneira de tirá-lo é ir lá e expulsá-lo, não apenas mandá-lo sair. Não poderemos nos concentrar, embora sentados no alto da montanha, enquanto nossa mente vagueia na vila lá em baixo.

Há dois inimigos da concentração. Um é ser muito atarefado, ser impetuoso e ter dispersa a atenção[(24)]. O outro é a sonolência, o torpor ou o abatimento.[(25)] Nossa atenção se distrai quando surge o desejo e a mente, imediatamente, corre atrás dele. Sempre que a mente procurar qualquer coisa que não seja o objeto da concentração, esta é a mente impetuosa ou dispersa. A sonolência e o torpor ocorrem quando a mente está adormecida e não alerta. Se quisermos nos concentrar bem, teremos que sobrepujar estes distúrbios. Se houver um lindo quadro na parede de uma sala escura, precisamos de uma vela para vê-lo. Se houver uma corrente de ar, a chama oscilará e se deslocará e, assim, não poderemos vê-lo adequadamente. Se não houver corrente de ar, mas a chama for muito fraca e não houver luz suficiente, ainda assim não poderemos ver o quadro. Se não houver nenhuma destas dificuldades, e a chama for forte e firme, seremos capazes de ver claramente o quadro. O quadro é como o objeto da concentração, a chama é a mente; o vento é a atenção dispersa e a chama fraca o torpor.

Nos estágios iniciais da prática da concentração, o primeiro destes distúrbios é o mais comum. A mente voa imediatamente de um objeto para o outro. Isto pode ser comprovado se tentarmos manter nossa mente na lembrança de uma face; ela é imediatamente substituída por outra coisa qualquer. É muito difícil sufocar estes distúrbios porque construímos a rotina de segui-los através de muitas vidas enquanto não desenvolvemos o hábito da concentração. Achamos muito difícil aceitar novos hábitos da mente e deixar para trás os antigos, mas a concentração é uma necessidade básica para as meditações mais elevadas e para todos os tipos de atividades da mente.

A plena atenção[(26)] e a consciência alerta[(27)] são os antídotos respectivos para a dispersão da atenção e o torpor. Há uma gravura (página 87) representando uma pessoa que aspira meditar. Esta pessoa está seguindo a Senda dos estágios meditativos que finalizam na realização de uma calma permanente e no início da prática da meditação penetrante*. Na parte inferior da página, vemos o praticante que segura uma corda numa mão e um gancho na outra, perseguindo um elefante conduzido por um macaco. O elefante representa a mente de quem medita; um elefante selvagem ou destreinado pode ser perigoso e causar enorme destruição, mas desde que um elefante seja treinado ele obedecerá aos comandos e fará trabalhos pesados. O mesmo se aplica à mente. Qualquer sofrimento que tenhamos agora se deve ao fato de a mente ser como um elefante selvagem e sem treino. O elefante deixa também grandes pegadas; isto simboliza as impurezas mentais. Se trabalharmos duro para melhorar nossa mente, ela será capaz de, por sua vez, fazer um grande trabalho para nós. Do sofrimento dos infernos à felicidade dos Buddhas, todos os estágios são produzidos pelo comportamento da mente.

No início da Senda, o elefante é preto, o que representa o torpor ou o desânimo da mente. O macaco que está conduzindo o elefante representa as distrações da mente. O macaco não pode ficar quieto nem por um momento – ele está sempre tagarelando ou perdendo tempo com alguma coisa, e acha tudo muito interessante. Da mesma maneira que o macaco está na frente conduzindo o elefante, nossa atenção distrai-se com os objetos dos sentidos, o gosto, o tato, o som, o cheiro e a visão. Estes são simbolizados por

* No inglês, *insight meditation.* (N.E.)

alimento, roupa, instrumentos musicais, perfume e um espelho. Atrás do elefante está uma pessoa que representa quem medita, tentando treinar a mente. A corda na mão desta pessoa é a atenção, e o gancho é a percepção. Utilizando estas duas ferramentas, quem medita tentará domar e controlar a mente. O fogo aparece em pontos diferentes ao longo do caminho; este fogo representa a energia necessária à concentração. Notamos que o fogo diminui gradualmente a cada um dos dez estágios de *zhine*, à medida que menos energia seja necessária à concentração. Ele brilhará outra vez no décimo primeiro estágio, quando começamos a praticar a meditação penetrante.

No começo, assim como o elefante que segue o macaco e não presta atenção à pessoa que está atrás, o praticante não tem controle sobre sua mente. No segundo estágio, o praticante, que quase emparelhou com o elefante, está apto a jogar a corda ao redor do pescoço do elefante e fazê-lo olhar para trás; este é o terceiro estágio no qual a mente pode ser um pouco controlada pela atenção. Agora um coelho está nas costas do elefante, simbolizando o torpor sutil[(28)]. Anteriormente este estágio pode ter sido confundido com o estágio de concentração, mas agora pode ser reconhecido pelo seu fator prejudicial. Nestes estágios iniciais temos de usar a atenção mais do que a percepção.

No quarto estágio a mente é mais obediente; desta maneira, são necessários menos puxões com a corda da atenção. No quinto estágio o elefante está sendo conduzido pela corda e pelo gancho; agora o macaco está seguindo atrás. Neste ponto não somos muito perturbados pela dispersão ou distração; principalmente temos que usar a percepção em vez da atenção. No desenho, o sexto estágio da prática é retratado com ambos, o elefante e o macaco, seguindo obedientemente atrás do praticante que não precisa vigiá-los. Isto significa que o praticante não tem que focalizar continuamente o controle da mente, e a ausência do coelho mostra que o torpor sutil, que apareceu no terceiro estágio, agora desapareceu. Alcançando o sétimo estágio, o elefante pode ser deixado em liberdade; neste ponto o macaco desaparece, e desta maneira o praticante não necessita mais usar a corda e o gancho porque a dispersão da atenção e o torpor ocorrem somente leve e ocasionalmente. No oitavo estágio o elefante tornou-se completamente branco e segue atrás do praticante; isto mostra que a mente está controlada e não há desânimo ou dispersão da atenção, embora ainda alguma energia seja necessária para concentrar-se. No nono estágio o praticante pode realmente sentar-se em meditação, enquanto o elefante adormece pacificamente a seu lado; é neste ponto que a mente pode continuar a concentrar-se sem esforço por longos períodos – dias, semanas ou mesmo meses. O décimo estágio, no qual vemos quem medita sentado no topo do elefante, significa a real obtenção da serenidade. Por último, no décimo primeiro estágio, quem medita está sentado nas costas do elefante, segurando uma espada. Neste ponto o praticante começa um novo tipo de meditação chamada "visão superior" ou meditação penetrante.[29]

Se praticamos a meditação do tipo calma permanente, devemos usar uma imagem de Buddha como nosso objeto de concentração. A primeira coisa que faremos é olhá-la muito cuidadosamente. Então começamos a meditar. Não olhamos para o objeto com nossos olhos físicos, mas o focamos com nosso olho mental. No começo, não poderemos nos lembrar muito claramente dele, mas, ainda assim, não deveremos nos esforçar para torná-lo claro – isto é impossível no início. O ponto importante é manter nossa atenção focada nele, claramente ou não. A nitidez surgirá naturalmente com o tempo. No começo, a concentração é muito difícil; a mente está sempre fugindo. Contudo, quando persistirmos na prática, veremos que somos capazes de manter nossa mente no objeto por um ou dois minutos, depois três ou quatro minutos e assim sucessivamente. Cada vez que a mente abandona o objeto, a atenção tem que trazê-la de volta. A percepção deve ser usada para ver se as perturbações estão ou não surgindo. Se carregamos uma tigela cheia de água quente sobre um caminho irregular, parte de nossa mente tem que cuidar da água e parte tem que cuidar do caminho. A atenção deve manter a concentração firme, e a percepção deve cuidar das perturbações que possam ocorrer. Como vimos no desenho, não necessitamos usar a plena atenção tão freqüentemente depois dos estágios iniciais. Mas então, nossa mente, cansada de controlar a dispersão da atenção produz um pouco de torpor. Depois de certo tempo, surge um estágio no qual quem medita sente muita felicidade e fica relaxado; com freqüência é confundido com o verdadeiro estágio de calma permanente; porém, na realidade, é o torpor sutil que torna a mente fraca. Se continuarmos nossa prática com energia, este torpor sutil também desaparecerá; quando tivermos removido esta perturbação, nossa mente tornar-se-á mais clara e atenta, e assim o objeto de nossa meditação é visto mais claramente. À medida que aumenta em clareza e vigor a percepção do objeto da meditação, o corpo será mantido por nossa paz mental e não teremos fome ou sede. Eventualmente quem medita pode continuar assim por meses a fio. A sensação experienciada pela mente neste estágio não pode ser descrita.

Se olharmos um pedaço de pano apenas com nossos olhos, podemos vê-lo, mas não com muitos detalhes. Mas uma pessoa que se concentra bem nele, pode vê-lo claramente com todos seus detalhes, com os olhos da mente. Quando morremos, nossa mente torna-se mais fraca, mas, se então praticamos a meditação, nossa mente, nessa ocasião, realmente se tornará mais vigorosa e clara. Normalmente quando morrem, as pessoas experimentam ilusões e temores que as conduzem a um mau renascimento. Contudo, se tivermos meditado bem, durante o processo da morte, concentrar-se-á nossa mente em Buddha, no *Dharma* e assim por diante; isto ajuda muito no próximo nascimento.

As Escrituras dizem que no nono estágio da prática da calma permanente, mesmo que uma parede desmorone perto do lugar onde quem medita está sentado, a pessoa não se perturbará. À medida que o meditador continua a praticar, o corpo e a mente gozam de um prazer especial; esta sensação marca a realização da meta final da serenidade. O corpo do meditador sentir-se-á leve e descansado; isto é simbolizado no desenho por uma pessoa voando. O corpo torna-se muito flexível, e a mente pode dirigir-se a qualquer meditação, assim como um fino fio de cobre de eletricidade pode ser voltado para qualquer direção sem quebrar. O meditador sente como se o objeto e a mente houvessem se tornado um só.

Embora no nono estágio, o de calma permanente, sintamo-nos muito felizes e em paz, isto não é o fim real da meditação. A concentração firme num objeto ainda não é uma realização completa. Agora o meditador pode combinar concentração com um exame da natureza real do objeto da meditação. Depois, continuando a prática simultânea de ambos os tipos de meditação, um prazer especial surge da visão do objeto. "Ver o objeto" implica ver se um objeto está sofrendo, ver se é permanente ou mutável, e procurar pela mais alta verdade a ser descoberta sobre a real natureza deste objeto. Em tibetano, o nome desta meditação com *insight* (*vipasyanā*) é *lhag-thong*; *lhag* significa mais ou mais alto, e *thong* compreender ou perceber. Com este tipo de meditação, a mente consegue maior compreensão do objeto do que com a concentração simples; quando esta prática for aperfeiçoada, a mente pode dirigir-se a qualquer coisa. A perfeição de *lhag-thong* dá grande satisfação espiritual, mas, se meramente nos satisfizermos com isto, é como ter um avião completo, pronto para voar, pousado no chão.

A mente pode dirigir-se para coisas mais profundas e mais altas. Isto deve ser usado de um lado para superar o *karma* e as impurezas mentais, e de outro, para conseguir as virtudes de um Buddha. Por isto, o objeto somente pode ser Vazio ou *Shūnyatā*; outras meditações preparam a mente para este objetivo final. Se temos uma lâmpada muito potente que nos pode revelar qualquer coisa, temos que usar sua luz para descobrir o que é importante. A causa raiz de todos os nossos problemas é a ignorância. Temos que usar nosso conhecimento do Vazio para dispersar a ignorância; devemos usar nossa mente purificada pela serenidade e pelo *insight* especial [*prajña*] para cortar a raiz da árvore da ignorância. No desenho, neste estágio, o praticante está segurando uma espada, simbolizando a realização do Vazio [*Shūnyatā*], para cortar as duas linhas pretas que representam os dois obscurecimentos: o obscurecimento da impureza e o obscurecimento do conhecimento.

O conhecimento do Vazio é essencial para remover a ignorância. Quando estamos próximos de um entendimento perfeito do Vazio, estamos no caminho da perfeição da sabedoria [*prajñā-pāramitā*] – a completa compreensão do Vazio.

CONCLUSÃO

Esta é, resumidamente, uma explicação para as razões da meditação e uma descrição da Senda para o estágio de Buddha. Se quisermos realmente praticar o *Buddha-Dharma* devemos primeiro saber o que é o sofrimento e compreender porque existimos em *samsara*. Para sair do *samsara*, devemos ter uma fé forte em Buddha e, então, praticar o que ele ensinou. Devemos considerar que os outros seres também estão sofrendo em *samsara* e, além de compaixão por eles, devemos desejar atingir o estágio de Buddha para ajudá-los.

É importante tentar encontrar a reta compreensão do *Dharma*. Mesmo quando compramos um relógio que deve durar apenas alguns anos, tratamos de escolher um de boa qualidade. Porque o *Dharma* não é apenas para nós próprios nesta vida, mas para todos os seres em todas as vidas, é muito mais importante encontrar sua reta e melhor compreensão. Se desejamos confiar em outra pessoa, primeiro precisamos saber que ela é honesta e confiável; podemos logo determinar isto pelo que ela diz ou faz. Deste modo, podemos ter confiança no Buddha através do conhecimento do que ele ensinou, e observando nossas próprias experiências para vermos se elas estão de acordo – e por esta prática verificar se dão bons frutos ou não. Então nossa fé será indestrutível.

Após o Senhor Buddha ter atingido a suprema iluminação, ele pronunciou numerosos sermões na Senda que conduz à libertação, variando cada ensinamento de acordo com a ocasião e com o nível mental do ouvinte. A coleção reunida destes ensinamentos do Um Compassivo constitui as Três Sendas do Budismo.

Dentre a enorme quantidade de Escrituras budistas, existem ensinamentos orais e escritos que foram dados pelo próprio Senhor Buddha através de Maitreyanatha, Asanga, Atisha e outros grandes gurus, para o venerável Tsong-Khapa, numa linha contínua. Estas tradições de ensinamentos especiais foram completadas por grandes instrutores tibetanos para que nós, os praticantes potenciais de hoje, sejamos bastante afortunados de sermos guiados por eles. O presente texto é uma tentativa de dar em português (traduzido do inglês) a instrução oral de Geshe Rabten, cujo ser e ensinamentos irradiam sabedoria e compaixão.

POSSA ISTO BENEFICIAR TODOS OS SERES

TERMOS E NOTAS

Os termos são dados primeiro em português e inglês (entre parênteses), seguidos de seus equivalentes em sânscrito (*itálico*) e em tibetano. Os termos entre [colchetes] indicam uma pronúncia tibetana. As explicações pretendem somente ampliar brevemente o uso dos termos neste texto. Para maiores definições e um âmbito mais amplo de aplicações, o leitor pode consultar glossários de outras publicações que se refiram à Senda do *sūtra* no Budismo, bem como alguns dicionários como o de Monier-Williams, *Sanskrit-English Dictionary*, e o *Tibetan-English Dictionary* de Chandra Das.

(1) as quatro nobres verdades (the four noble truths) / *caturāryasatya* / bden-pa-bzhi [denpa zhi].

(2) sofrimento devido ao sofrimento; sofrimento de miséria (suffering due to suffering; suffering of misery) / *duhkha-duhkhatā* / sdub-bsnal-gyi-sdug-bsnal [dungäl gyi dungäl].

(3) sofrimento devido às mudanças (suffering due to change) / *viparināma - duhkhatā* / 'gyur-bai-sdug-bsnal [gyurwä dungäl].

(4) sofrimento envolvente devido a formações mentais; sofrimento dos seres condicionados (all embracing suffering due to mental formations; suffering of being conditioned) / *samskāra-duhkhatā* / khyab-pa-'dus-byed-gyi-sdug-bsnal [khyabpa düjedgyi dungäl].

(5) ação volitiva do corpo, palavra e mente (volitional action of body, speech and mind) / *karma* / las [ley].

O termo sânscrito *karma* é geralmente usado. O *karma* é de três tipos: hábil, inábil, e neutro.

(6) círculo ou esfera (circle or sphere) / *mandala* / dkyil-'khor [kyil kor].

Na maioria das vezes é usado o termo sânscrito "mandala". Um mandala pode ser um objeto circular físico usado para fazer oferendas, o universo simbólico que está sendo oferecido, ou o domicílio ou meio ambiente especial que está recebendo a oferenda.

(7) o estado intermediário entre a morte e o próximo renascimento (the intermediate state between one's death and one's next rebirth) / *antarābhava* / bar-do [bardo].

(8) impurezas mentais (mental defilement) / *klesha* / nõn-mons [nyönmong].

Há duas formas de impurezas mentais – inclinações perniciosas e o engano de aceitar as coisas aparentes como verdadeiras.

(9) desejo, apego (desire, attachment) / *rāga* / 'dod-chags [dödchag] // aversão, raiva, ódio (aversion, anger, hatred) / *dosa* / zhe-sdan [zhedang] // ignorância, obscureci-

mento mental (ignorance, mental darkness) / *moha* / gti-mug [timug].

Estes são os três venenos.

(10) ignorância em relação ao 'eu' (ignorance regarding the self of persons) / *pudgalātmadrsti* / gang-zag-gi-bdag-'dzinb-gyi-ma-rig-pa [gangzagi dagdzingyi marigpa] // ignorância em relação à natureza dos fenômenos (ignorance regarding the self o phenomena) / *dharmātmadrsti* / chos-kyi-bdag-'dzin-gyi-ma-rig-pa [chokyi dagdzingyi marigpa].

(11) portador; veículo (carrying; vehicle) / *yana* / theg-pa [tegpa].

(12) a mente motivada ou dedicada a atingir a iluminação pelo bem de todos os seres vivos; a intenção altruística (the mind motivated or dedicated to achieve enlightenment for the sake of all living beings; the altruistic intention) / *bodhicitta* / byan-chub-kyi-sems [jangchubkyi sem].

(13) sabedoria (wisdom) / *prajñā* / shes-rab [sherab] // método, meios (method, means) / *upāya* / thabs [tab].

(14) Campo de Buddha (Buddha field) / *Buddha ksetra* / sans-rgyas-kyi-zhin [sangye kyi zhing].
[É uma "assembléia de seres sagrados" visualisada durante a prática da meditação.].

(15) dez níveis ou áreas (ten levels or grounds) / *dasabhūmi* / sa-bcu [sachu].

(16) "O Oceano de Nuvens de Louvores" (The Ocean of Clouds of Praises) / stod-sprin-rgya-mtsho [dötrin gyatso].

Esta é uma prece em louvor ao *Bodhisattva* Manjushri que contém uma descrição das qualidades de corpo, fala e mente de um Buddha.

(17) perfeição (perfection) / *pāramitā* / pha-rol-tu-phyin-pa [paroltu chinpa].

(18) Lha Lama Yeshe Ö / *Devaguru Jñānaprabha*.

Este rei era um descendente do rei Langdarma (glan-dar-ma), que foi responsável pela primeira proibição da divulgação do Budismo no Tibete.

(19) versos 19 e 20 da oração de Je Tsong-Khapa, "O começo e o Fim". Tibetano: thog-mtha-ma [togta ma].

(20) serenidade (calm abiding) / *samathā* / zhi-gnas [zhi ne].

A serenidde é a perfeição da concentração mental.

(21) discernimento ou meditação investigante (discriminating or investigative meditation) / *vicārabhāvanā* / dpyad - sgom [che-gom].

Análise discursiva da verdadeira natureza do objeto da meditação.

(22) meditação de concentração (concentration meditation) / *sthāpyabhāvanā* / ’jog-sgom [jogom].

Após a meditação analítica, a pessoa escolhe para onde dirigir a mente no objetivo de meditação. Esta prática é um aspecto da serenidade ou calma tranqüilizadora.

(23) postura do diamante (diamond posture)/ *vajrāsana* / rdo-rje-gdan [dorge den].

Esta *asana* é chamada postura ou pose do diamante porque nesta posição a pessoa senta-se firmemente, "indestrutivelmente", imóvel por muito tempo.

(24) dispersão da atenção, agitação, excitação mental (scattered attention, agitation, mental excitement) / *auddhyata* / rgod-pa [göpa].

(25) torpor, abatimento, desânimo (torpor, sinking, indulgence) / *nirmagnatā* / byin-ba [jingwa].

(26) plena atenção, lembrança, rememoração (mindfulness, remembrance, recollection)/ *smrti* / dran-pa [denpa].

(27) compreensão clara, vigilância mental (clear comprehension, mental spy) / *samprajanya* / shes-bzhin [shezhin].

(28) torpor sutil (subtle torpor) / *sūksmanirmagnatā* / byin-ba-phra-mo [jingwa tramo].

(29) meditação penetrante, discernimento intensificado (insight meditation, heightened insight) / *vipasyanā* / lhago-mthon [lhagtong].

Leia Também:

O Despertar da Visão da Sabedoria

Tenzin Gyatso (14º Dalai Lama)

Esta obra é uma introdução aos fundamentos do ensinamento do Buda: o *Buddha-Dharma*. O Budismo, mais do que um sistema ou uma religião é uma filosofia vivencial e uma psicologia de transformação para se compreender, assimilar e praticar.

Entre os tópicos abordados estão "Dharma", "Renascimento", "Os Dois Níveis da Verdade", "O Tríplice Treinamento", "A Senda", "Os Corpos de um Buda". E como apêndice o texto "História da Difusão do *Buddha-Dharma* no Tibete".

A Libertação do Sofrimento no Budismo Tibetano Gelugpa

Alberto Brum

Este texto é uma reflexão filosófica baseada na tradição *Mahayana* que difundiu-se na Índia através dos *Sūtras Prajnā-Pāramitās* e dos textos de Nagarjuna e Asanga, e que foi preservada e enfatizada pela linhagem tibetana *Gelugpa*, criada pelo Lama Tsong-Khapa. Sua abordagem destaca o ensinamento de Tenzin Gyatso (o 14º Dalai Lama), Geshe Ngawang Dhargyey e Geshe Rabten.

É apresentada uma visão geral do Budismo *Mahayana* e a sua transmissão para o Tibete, a escola Gelugpa, uma investigação sobre *Duhkha* (o sofrimento) *Avidyā* (a origem de *duhkha*) e a ética budista a partir de textos do Dalai Lama. Como apêndice o texto "Conexões com a ética de Shopenhauer".